2016 中国国有林场发展报告

国家林业局

中国林业出版社

图书在版编目（CIP）数据

2016中国国有林场发展报告/国家林业局组织编写. —北京：中国林业出版社，2018.10
ISBN 978-7-5038-9820-4

Ⅰ.①2… Ⅱ.①国… Ⅲ.①国营林场-经济发展-研究报告-中国-2016 Ⅳ.①F326.2

中国版本图书馆CIP数据核字（2018）第252076号

出版：中国林业出版社（100009 北京西城区德胜门内大街刘海胡同7号）
E-mail：Lucky70021@sina.com **电话：**010-83143520
发行：中国林业出版社总发行
印刷：三河市祥达印刷有限公司
印次：2018年11月第1版第1次
开本：889mm×1194mm 1/16
印张：4.75
字数：95千字
定价：68.00元

《2016 中国国有林场发展报告》

编辑委员会

编写组

组　长　杨连清　马国青

副组长　欧国平　闫　平

成　员　郑欣民　杜书翰　张　志　宋知远　张　静
刘　鹏　赵鹏武　姚启超　慕晓炜　涂　琼
邓立斌　邹全程　郭立新　梦　莉　桑轶群
徐健楠　刘海令　郭丰毅　冯　驰　崔雪晴
胡　彬

前　　言

2016年，是我国国有林场改革转向攻坚期的一年，截至3月31日，31个省（自治区、直辖市）“国有林场改革实施方案”全部通过国家国有林场林区改革工作小组的审批，标志着我国国有林场改革由方案编制进入全面实施的新阶段。国家林业局高度重视国有林场改革工作，会同国家发展和改革委员会，联合中央机构编制委员会办公室、民政部、财政部、人力资源和社会保障部、国土资源部、交通运输部、水利部、中国银行业监督管理委员会等8个部委组成16个督察组，对河北等24个省（自治区、直辖市）政府进行国有林场改革专项督察；国家林业局党组书记、局长张建龙亲自带队赴江西等省调研督导，专门听取督导组督导情况汇报，对下一步工作作出安排。中央财政安排国有林场改革资金36.67亿元，助力各地国有林场改革。各省（自治区、直辖市）党委、政府相继出台省级改革实施方案和一系列政策文件，召开国有林场改革启动会，对改革工作作出全面部署。浙江、江西等6个试点省完成国有林场改革试点任务并通过验收，为改革发展积累了经验、树立了典范。县（市）国有林场改革实施方案编制、批复、实施进展顺利。截至2016年年底，改革后的1795个国有林场，有1716个定性为公益性事业单位，人员和机构经费纳入财政预算，79个定性为公益性企业。国有林场办社会职能逐步剥离，基本养老和基本医疗保险参保率均达到100%。改革准确把握了公益性改革方向，以保护培育森林资源为主要职责的国有林场管理新体制逐步建立，民生得以明显改善，发展活力日益增强。

完善政策机制，加大森林资源保护、培育力度。强化国有林场森林资源保护，全面停止国有林场天然林商业性采伐，每年减少天然林采伐量556万立方米，推动国有林场发展模式由木材生产为主向生态修复和建设为主、由利用森林获取经济利益为主向保护森林提供生态服务为主转变。山西省十二届人民代表大会常务委员会第三十二次会议表决通过《山西省永久性生态公益林保护条例》，立法永久保护国有林场生态公益林。国有林场森林经营方案编制修订工作扎实推进，2430个国有林场，辽宁、黑龙江、福建、河南、重庆等省（直辖市）及中国林业科学研究院全面完成国有林场森林经营方案编制修订工作。研究建立森林经营方案实施评价指标体系，进一步推动国有林场建立以森林经营方案为核心的森林经营管理制度。示范探索与总结推广山西等省国有林场“精细化管理、资产化管护”等森林经营新模式；国家林业局会同国家发展和改革委员会、财政部联合确定河北白洋淀上游、内蒙古浑善达克、青海湟水河3个规模化林场建设试点，规划造林48.21万亩*，为创新林场发展机制，拓展发展空间赢得了新机遇。旨在促进提升国有林场森林经营水平、提高森林生态系统修复能力的全球环境基金（GEF）国际赠款720万美元、建设期为5年的首个国有林场全球环境基金公益项目获批，由世界自然保护联盟（IUCN）担任监督机构，由我国国家林业局统筹组织推进，项目初步选定地为河北承德、江西赣州、广西毕节。国有林场造林抚育和森林管护等环节初步建立社会化购买服务机制。提高中央投资造林补助标准，人工造乔木林、人工造灌木林、封山育林、飞播造林、天然林资源保护工程补植补造和改造培育分别提高到500元/亩、240元/亩、100元/亩、160元/亩和300元/亩，为加快森林资源培育注入强大动力。全面完成国有林场造林、森林抚育、低效林改造、国家木材储备基地建设任务。河北等29个省（自治区、直辖市）2016年造林更新和森林抚育面积分别比2015年增加10%和13%；山西、内蒙古、广西、四川等省（自治区）场外造林12.30万公顷。据初步统计，截至2016年底，全国国有林场森林面积达到0.77亿公顷，森林蓄积量近40亿立方米，分别约占全国森林面积和森林蓄积量的23%和27%。

壮大林场特色产业，扶贫工作成效显著。大力发展国有林场林下种植、速生丰产林、经济林种植等第一产业，板业、小型水电站、采

* 1亩≈666.7平方米。

矿业等第二产业，森林旅游、森林人家等第三产业。2016 年，国有林场全年种植业营业总收入 84 亿元，其中广西壮族自治区占全国国有林场种植业营业收入的 32.53%，是全国国有林场种植业收入最多的省份；其次是吉林省、黑龙江省、江西省和福建省。位居前五的省种植业营业总收入占全国营业总收入的 65.83%。全国国有林场全年原木产量 836.77 万立方米，木材销售收入 68.29 亿元；全年纤维板产量 51.29 万立方米，销售收入 8.07 亿元。以森林旅游为主的旅游服务业发展势头良好，全国国有林场旅游服务业实现营业收入 5.75 亿元，占国有林场营业总收入的 6.85%。国有林场森林旅游等特色产业粗具规模，全国 2570 个国有林场建立了森林公园，242 个国有林场建立了湿地公园，接待游客 8.30 亿人次，有力推动了绿色发展和脱贫致富。2016 年，国有贫困林场扶贫工作取得显著成效。国家林业局办公室印发《国有贫困林场扶贫工作成效考评办法（试行）》，从扶贫目标、资金管理、扶贫效果、扶贫效益和扶贫管理等 5 个方面，对省级林业主管部门国有林场扶贫工作进行绩效考评；中央财政安排扶贫资金 5 亿元，支持 28 个省的 856 个国有贫困林场改善生产生活条件、发展生产、人员培训等。10 个省级财政配套安排了国有林场扶贫资金，分别是黑龙江省 1986 万元、安徽省 1240 万元、山西省 1500 万元、山东省 1100 万元、江苏省 867 万元、四川省 812 万元、河南省 378 万元、贵州省 300 万元、海南省 220 万元、广西壮族自治区 100 万元。山西、内蒙古、黑龙江、湖南、重庆、宁夏等省（自治区、直辖市）共 91 个国有贫困林场实现脱贫。

加强生产生活设施建设，林场场容场貌发生巨大变化，职工居住条件得到有效改善。2016 年，全国国有林场危旧房改造 15227 户。江西省、陕西省、新疆维吾尔自治区等省（自治区）危旧房改造户数较多。国家林业局高度重视国有林场管护用房改造工作，组织吉林省林业厅、龙江森工集团、江西省林业厅等有关单位以及国家发展和改革委员会固定资产投资司、农村经济司，住房与城乡建设部住房保障司等相关部门参加的座谈会，就《国有林区国有林场管护站点用房实施方案》以及下一步如何切实展开国有林区国有林场管护站点用房建设工作进行座谈交流；下发《国家林业局办公室关于开展国有林场、国有林区管护站点用房调查摸底的通知》（办规字〔2016〕81号），开展国有林场管护站点用房摸底调查工作，并选取部分基层林场开展施工图设计工作。四川省改造危旧房管护站点3.84万平方米，新疆维吾尔自治区共维修管护站820平方米，内蒙古自治区完成新建办公用房4043平方米，维修改造办公用房4722平方米，改善了生产与办公条件。截至2016年底，全国完成国有林场林区道路建设10793公里，其中广西壮族自治区完成3780公里，建设规模全国第一，切实解决了林场职工生产生活出行难问题，解决饮水安全和饮水困难人口12.60万人，建设设施包括打机井、修建泵房、蓄水池、铺设输水管道、自来水改造、净化水设备、防渗渠、引水管线、闸压井、新建涵洞等。电力设施建设里程4521公里，建设内容包括架设高压线、架设220V民用线路、新建变压器、新建太阳能供电、新建太阳能路灯等。

组织培训交流、职业技能竞赛、演讲大赛等系列活动，强化能力建设。加大宣传力度，弘扬国有林场生态文化。全年举办9期培训班，包括国有林场场长培训班，新疆、山东、吉林、海南、江苏5省（自治区）国有林场改革专题培训班，2期国有林场改革地、县林业局局长培训班和内蒙古自治区旗县长、林业局局长培训班，加大培训力度，提升干部职工技术、管理能力以及综合素质。由国家林业局、中国就业培训技术指导中心和中国农林水利气象工会主办的2016年中国技能大赛—全国国有林场职业技能竞赛，在甘肃省小陇山林业实验局百花林场成功举办。竞赛以“展示技能风采，激发改革动力”为主题，共有27省（自治区、直辖市）及四大森工集团、中国林业科学研究院的32支代表队参加了比赛。甘肃省小陇山林业实验局滩歌林场的周小强等30名选手分获个人一、二、三等奖及优秀奖，甘肃省等10个代表队分获团体一、二、三等奖，北京市林业局等12个代表队获得优秀组织奖，上海市等12个代表队获得精神风尚奖。国家林业局和中国农林水利气象工会在山西省五台山国有林管理局联合主办“五台山杯”国有林场职工思想政治工作演讲大赛，共有23个省（自治区、直辖市）及中国林业科学研究院的24个代表队、47名选手参加比赛，比赛以“展改革风采，促绿色发展”为主题，来自内蒙古自治区呼伦贝尔市免渡河林业局的毕延昭等20名选手分获特、一、二、三等奖。召开媒体记者宣传交流会、中法国有林管理国际研讨会，组织“国有林场改革典型案例”征集活动、“国有林场十大最美内刊甄选”、挖掘一线职工随笔文化等活动，国有林场改革热潮空前高涨。在电视、报刊、网站等各类媒介上广泛宣传国有林场改革发展的总体要求、进展情况、先进经验、先进典型、生态文化，极大地调动了国有林场干部职工积极性，弘扬了国有林场生态文化，促进了改革发展，增强了国有林场活力和社会影响力。中国林场协会举办“全国十佳林场”评选活动，北京市上方山林场等全国27家国有林场获2016年度“全国十佳林场”称号。甘肃省在小陇山林业实验局举办“2016中国技能大赛—甘肃省‘营林试验员’省级一类决赛”，1名参赛选手获“甘肃省五一劳动奖章”、3名参赛选手获“甘肃省技术能手”称号、17名参赛选手获“甘肃省技术标兵”称号。

编　者

2018年3月

目　录

第一章　国有林场改革

2016年，是国有林场改革转向攻坚期的一年。国有林场改革进入全面完成省级方案审批并抓好方案贯彻落实以及编制、批复、实施市、县国有林场改革方案的新阶段。

一、国有林场改革省、县两级方案编制、审批进展顺利

2016年，采取发文督促、专项督察等措施，全力加快全国国有林场改革进程，国有林场改革省、县两级方案编制、审批进展顺利。国务院印发《关于深入推进实施新一轮东北振兴战略加快推动东北地区经济企稳向好若干重要举措的意见》中，专门提出加快推动东北地区国有林区、国有林场改革，提出分类化解林区、林场金融债务的意见。国家发展和改革委员会、国家林业局联合印发《关于进一步加快省级国有林场改革实施方案编制的通知》，明确上报时限、审批期限，引起各省（自治区、直辖市）高度重视，方案上报进程明显加快；印发《国有林场林区改革工作小组第四次会议纪要》《关于做好各省国有林场和重点国有林区改革实施方案审批工作的意见》和《国有林场和国有林区改革工作小组2016年工作安排》3个文件，优化审批流程，特别是将由国家发展和改革委员会、国家林业局联合审批，改为由国家林业局代表改革小组进行审批，显著提高了审批效率。

截至2016年底，全国31个省（自治区、直辖市）国有林场改革实施方案批复工作全部完成，并以省政府名义召开国有林场改革启动会，对改革工作作出全面部署，国有林场改革进入贯彻落实省级方案，编制、审批、实施

市、县方案的新阶段。江西等6个试点省基本完成国有林场改革试点任务并通过验收，为改革发展积累了经验、树立了典范。全国1060个县、市完成改革实施方案编制，其中260个县、市（涵盖634个国有林场）完成改革试点任务，占24.5%；批复178个县级国有林场改革实施方案（涵盖625个国有林场），占16.8%。

二、开展国有林场改革督查调研工作

按照习近平总书记就抓好改革落实工作的重要指示和中央深化改革领导小组办公室关于改革举措落实情况督察工作的专门部署，4月19日至5月31日，国家发展和改革委员会、国家林业局会同中央机构编制委员会办公室、民政部、财政部、人力资源和社会保障部、国土资源部、交通运输部、水利部、中国银行业监督管理委员会等8个部委组成16个督察组，对河北等国有林场较多的24省（自治区、直辖市）人民政府进行了国有林场改革工作专项督察，对北京等7省（自治区、直辖市）采取调研督导、试点验收等方式进行了督促检查，实现国有林场改革督察全覆盖；对省级国有林场改革实施方案上报进度相对滞后的安徽、陕西、云南、四川4省林业厅主要负责人、发展和改革委员会分管负责人进行了约谈。各督察组严格按照督察工作方案开展工作，召开24次省级国有林场改革汇报会、44次县市国有林场改革座谈会，实地调研50多个国有林场，营造了党中央、国务院高度重视国有林场改革，狠抓改革落实的浓厚氛围，引起各省人民政府高度重视，有效推动了改革主体责任落实和进程。

各督查组于督查结束后10日内提交督查报告，国家发展和改革委员会、国家林业局对督查发现的问题提出整改措施，并反馈各省（自治区、直辖市）政府。各省（自治区、直辖市）政府于15日内提出整改意见并报送国家发展和改革委员会、国家林业局。督查情况汇总后上报中央深化改革领导小组办公室。

国家林业局党组高度重视国有林场改革，党组书记、局长张建龙亲自带队赴江西等省调研督导，并专门听取督导组情况汇报，对下一步工作作出安排部署；张永利副局长带队赴天津、河北、广西和新疆等省（自治区）调研督导；刘东生副局长带队赴内蒙古、黑龙江和吉林3省（自治区）调研督察，有力地促进了国有林场改革工作的顺利开展。

三、协调解决四川、云南森林工业企业纳入改革范围问题

中共中央、国务院印发了《国有林场改革方案》，部署在全国范围内开展国有林区林场改革。为深入贯彻落实《国有林场改革方案》精神，国家林业局局印发了《关于深入贯彻学习中共中央、国务院印发的〈国有林场改革方案〉精神的通知》（林办发〔2015〕32号），明确提出了西南、西北等其他森工局、采育场等原则上按《国有林场改革方案》推进改革。按照中央部署，各有关省（自治区、直辖市）高度重视森工企业改革工作，甘肃、贵州、陕西等省已将森工企业纳入国有林场改革范围，其省级改革实施方案已获国家国有林场和林区改革工作小组批复。目前，只有四川、云南未按照《国有林场改革方案》启动森工企业改革。

国家林业局对四川、云南两省森工企业改革问题高度重视，2016年2月，会同部分全国人大代表组成调研组到两省进行了专题调研。国家国有林场和林区改革工作小组也明确要求密切关注两省森工企业改革问题，加强调研指导，推动有关问题早日解决。2016年6月27日，按照国家国有林场和林区改革工作小组和国家林业局党组的部署，国家林业局会同国家发展和改革委员会就四川、云南两省森工企业改革问题约谈了两省的林业厅和发展和改革委员会负责人，提出了“四川、云南省要积极主动落实中央全面推进国有林场改革的精神要求，加大调研协调力度，尽快编制森工企业改革方案，统筹推进森工企业改革，确保2020年前全面完成改革任务”的明确要求，并要求两省认真制定整改方案，细化整改措施，明确整改责任和时间，并于9月30日前将整改报告和国有林场改革进展情况上报国家国有林场和国有林区改革工作小组。

四、建立完善国有林场改革配套政策

（一）国家层面

2016年，中央财政安排国有林场改革资金36.67亿元，主要用于补缴国有林场拖欠的职工基本养老保险和基本医疗保险费用、国有林场分离场办学

校和医院等社会职能费用等。中央财政的大力支持，有力地缓解了地方改革压力，对推动国有林场改革发挥了重要作用。财政部、国家林业局印发《林业改革发展资金预算绩效管理暂行办法》（财农〔2016〕197号），对中央财政预算安排的林业改革发展资金设定绩效目标，实施以支出结果为导向的全过程预算管理模式，通过对资金运行情况的跟踪监控管理，从支出的经济性、效率性、效益性、公平性、规范性等方面做出客观、公正的评价。《国有林场条例》（征求意见稿）已初步征求了国有林场改革工作小组各成员单位的意见，进入正式发文征求各部委意见的阶段。《国有林场改革验收办法》完成征求各部委和各省意见工作。国家林业局配合财政部启动《国有林场财务管理办法》起草工作。

（二）各地亮点

北京市国有林场改革领导小组办公室会同有关成员单位出台4个配套政策文件。《北京市国有林场岗位设置管理指导意见》，对国有林场岗位设置管理具有很强的指导性；《北京市国有林场改革事企分开指导意见》，明确了事企分开改革的指导思想、基本原则和总体目标，对事企分开方式、资产处置及人员安排提出了指导性意见；《北京市国有林场森林管护投资指导标准》，对国有林场开展中幼林抚育、森林防火和林业有害生物防治三项主要管护措施，构建了投资指导标准体系，为市、区两级财政部门制定国有林场森林管护定额，以及国有林场编制年度经费预算提供了依据；《关于加强国有林场预算定额编制工作的意见》，对区级财政部门制定国有林场森林管护定额、区级园林绿化部门及国有林场落实预算定额制度提出了指导性意见。

福建省各项改革配套政策得到有效落实。一是落实财政支持。从2016年起事业经费从以往每年5717万元增加到16428万元，增加10711万元，增幅187%。近两年来，安排国有林场森林资源培育保护等专项资金84790万元，有效保障国有林场改革发展资金需求。二是国有林场道路纳入相关公路网规划。会同交通部门完成省属国有林场道路摸底调查，福建省全省国有林场计划建设道路362条1781公里，其中629公里已纳入农村公路网规划，还有1152公里正在积极争取资金支持。三是出台国有林场管理规章制度。福建省省林业厅先后制定下发《福建省国有林场管理办法》《福建省省属国有林场森林资源资产购买管理办法》等规范性文件。

山西省三方面保障国有林场改革。一是财政保障基本到位。山西省省财政统筹中央补助资金，按照“全额算账、收支分开、差额补足、总额不减”的原则对省属国有林场经费予以保障。从2016年起，山西省省财政新增11908万元作为省直国有林场改革经费纳入年度预算。11个市也在方案中明确表述，将国有林场纳入公益一类事业单位管理，人员经费纳入同级财政预算。二是基建项目纳入计划。2016年，山西省省财政安排省直林区基础设施建设资金1800万元，其中，林区道路建设1500万元，将列入“十三五”期间年度财政预算，场部基础设施建设300万元。三是主动化解债务。山西省省林业厅积极与省农行对接，就全省国有林场12520万元债务（其中本金7047万元、利息5473万元）达成化解协议，按本金的10%，由贷款主体筹资，林管局代收代付700余万元给予一次性解决。

江苏省争取省交通厅安排2016年国有林场林区道路建设计划19.50公里，省级补助资金658.50万元，为国有林场改革发展提供了一定的政策和资金保障。为强化国有林场扶贫资金管理，江苏省省林业厅会商省财政厅将国有林场扶贫资金纳入全省省级财政专项扶贫资金总盘子，省财政厅继续按1:1的比例安排省级财政配套资金。

海南省出台相关改革配套政策。海南省省林业厅印发《海南省国有林场改革操作流程》《2016年国有林场改革重点工作任务分解表》，规范改革操作程序，确保改革全面稳步推进。相继完成《海南省国有林场政府购买森林管护服务办法》《海南省国有林场事企分开实施办法》《海南省国有林场资源资产清查方案》《海南省国有林场森林资源监督管理办法》《海南省国有林场林地“三过”问题解决方案》《海南省省属国有林场转制事业编制人员招聘工作方案》《海南省省属国有林场改革人员分流安置工作方案》等配套政策的起草工作，分别由林业厅、编办、财政、人社等相关部门印发实施。

五、国有林场改革成效明显

（一）总体业绩

截至2016年年底，改革后的1795个国有林场中有1716个定性为公益性事业单位，79个定性为公益性企业，分别占96%和4%，准确把握了公益性改革方向。具体业绩体现在以下几方面。

第一，以保护培育森林资源为主要职责的国有林场管理新体制逐步建立。

江西等6省将832个国有林场优化整合为637个，减少23%；场均经营面积由4600公顷提高到6200公顷，提高35%；事业编制由45194个核减为29981个，较改革前精简34%，实现了精简效能和保障有力的目标，有效推动国有林场将主要精力集中为森林培育保护。

第二，国有林场民生明显改善。截至2016年，改革试点地区国有林场职工平均年工资性收入为4.40万元，比改革前提高81%，接近或达到当地同类单位平均水平；基本养老保险和基本医疗保险参保率均达到100%，较改革前提高35%和42%；通过政府购买服务、提前退休、内部退养、发展特色产业等形式妥善安置富余职工约7万人。

第三，森林资源保护成效明显。改革期间，仅江西和湖南两省国有林场年均采伐量就从366.50万立方米减少到90.90万立方米，减少75%。2016年全国国有林场的天然林商业性采伐全面停止，全年减少天然林消耗量556万立方米。

第四，林场发展活力显著增强。北京、广东等10省（自治区、直辖市）初步建立以岗位绩效为主的收入分配制度和以聘用制为主的新型用人制度，实现由身份管理向岗位管理转变。国有林场造林抚育和森林管护等环节初步建立社会化购买服务机制。国有林场森林旅游等特色产业初具规模，全国2570个国有林场建立了森林公园，242个国有林场建立了湿地公园，接待游客8.30亿人次，有力推动了绿色发展和脱贫致富。

（二）改革试点亮点较多

国有林场改革试点全面验收，改革坚持了生态公益改革方向，保障改善了民生，创新了发展机制，完善了支持政策，保护了森林资源，赢得了林场干部职工的拥护支持，得到了各级领导和有关部门的好评，为全国国有林场改革积累了宝贵经验。

2016年，国家林业局会同国家国有林场和国有林区改革工作小组成员单位，组成验收工作组先后对浙江、江西、甘肃、湖南、山东、河北6省的改革试点工作进行了全面验收，并以《国家发展和改革委员会办公厅国家林业局办公室关于国有林场改革试点验收工作有关情况的复函》（发改办经体〔2016〕1395号）向6省人民政府通报了验收情况，反馈了验收结果。总体上看，6省紧紧围绕“保生态、保民生、保稳定”的目标，积极探索，大胆实践，顺利完成体制改革、机制创新、民生改善等国有林场改革试点任务。

各省改革工作亮点较多，但发展也不尽平衡。

1. 浙江

统筹推进，率先完成试点任务。围绕保生态、保民生两大改革目标，精心谋划、统筹推进，率先完成体制改革、机制创新、民生改善等各项改革试点任务，改革工作走在了全国前列。

理顺管理体制机制。明确界定7个试点市国有林场主要责任和保护方式，试点范围的国有林场完成整合重组，明确了公益性质，制定了定编标准。加大地方财政投入，形成长效机制，国有林场事业经费均纳入当地财政预算，从改革前的每年4100万元增加到1.11亿元。完善以购买公共服务为主的公益林管护机制，推动林场完善内部管理机制，建立岗位设置和绩效考核制度，积极推进以政府购买服务为主的公益林管护机制。

改善民生全面保障。国有林场职工工资、购买服务和社会保险纳入当地财政预算，职工收入达到当地同类事业单位职工同等水平，较以前大幅度提高；试点地区国有林场职工全部参加养老、医疗等社会保险并享受相应待遇，养老保险和医疗保险参保率达100%。

强化设施建设夯实基础。完成5159户职工危旧房改造，新（修）建管护用房8.60万平方米；新（修）建道路614公里，实现通场公路全部硬化，万亩以上营林区实现公路通达，738个营林区中已通电566个；饮水安全问题基本解决。

提升资源保护利用活力。改革试点期间，全省国有林场森林采伐量降至12.70万立方米，占森林采伐限额的39%。加大植树造林、中幼林抚育、低产林改造力度，全省国有林场森林覆盖率比改革前提升1.2个百分点，森林蓄积量增加10%。大力发展森林休闲旅游业和高效生态产业，建成国家级森林公园31个、省级森林公园39个。

浙江省在改革试点工作中还形成了两条重要经验：一是省委、省政府始终把林场改革工作列入重要议事日程，出台一系列鼓励性政策措施。省领导多次召开会议进行部署，深入国有林场考察，提出明确工作要求。成立由省领导任组长，各有关单位组成的国有林场改革领导小组。市、县（市、区）成立领导小组，采取政府发文、制订年度计划、建立考核机制等办法，确保各项改革措施落到实处。二是省直有关部门积极作为、密切协作，合力推动国有林场改革。省编办批复成立省国有林场和森林公园保护总站，省发展和改革委员会切实加强指导，省财政厅积极筹措资金，省交通运输、电力等部门着力改善国有林场道路、电力等基础设施建设。省林业厅成立省级国有林场改革常设机构，多次沟通协调有关部门，落实相关政策，坚持深入基层，走遍所有试点林场指导工作。

2. 甘肃

庆阳试点改革落地开花。甘肃省国有林场改革试点确定在庆阳市开展。庆阳市紧紧围绕保生态、保民生两大改革目标，深化改革，激发活力。

强化责任落实，理顺管理体制。落实主体责任，庆阳市成立由政府市长任组长的国有林场改革领导小组。围绕国有林场改革发展和民生改善，出台《关于进一步加强子午岭林区保护和发展的意见》《子午岭林区保护与发展总体规划》《庆阳市国有林场改革试点实施意见》和《庆阳市国有林场改革试点补助资金使用方案》等多个文件。管理体制初步理顺，政企、事企分开有效推进。市属27个林场和县属20个林场明确为公益事业单位。按照“先入轨、后完善”原则，完成28个林场职工的首次岗位设置、结构等级认定及聘用备案工作。加强子午岭国有林场管理机构建设，完成事业编制核定工作，将人员、机构纳入市财政全额预算管理。组建子午岭林区华池、合水、宁县、正宁4个社区居委会，子午岭林区8所学校、1个教学点及5所职工医院移交所在地方政府。

全面改善民生，加大设施建设。庆阳全市国有林场养老、医疗、失业、生育、工伤5项社会保险参保率均达100%；住房公积金缴存实现全覆盖；完成最低生活保障相关工作。在职人员年均工资和离退休人员年人均离退休费均达到当地事业单位职工同等水平。完成危旧房改造工程3301套22.99万平方米、公共租赁住房1266套4.56万平方米，建设森林资源管护站49个、森林防火基础设施项目11个，维修改造林区道路214.22公里，解决14223人的饮水安全，改造供电线路722.70公里。

围绕强林富民，强化支撑能力。全市国有林场年均造林面积比改革前增长3倍，重点实施“苗林结合培育工程”。着力加强科技创新、成果转化和示范点建设，探索总结出子午岭中华鼢鼠“三结合五同步”灭鼠法。组织实施古树名木资源调查与开发利用研究、子午岭优良树种资源调查与保护利用、华山松大苗移栽试验示范、中华红叶杨引种试验示范等项目。积极开展难利用地造林、林木有害生物防治、生态系统恢复等技术攻关，有效破解了制约林业发展的技术瓶颈。

创新管理机制，加强人才建设。出台《关于加强子午岭国有林场经营管理的意见》《市直国有林场干部职工聘用、全员岗位管理、目标管理、绩效考核》制度，全面落实定岗定员，分类管理。制定国有林场固定资产投资建设等一系列行业管理制度，完善专项资金报账审批、重大财务集体决策、财务审批双重制约、建设项目竣工验收“四项”管理机制。制定《林业系统机关事业单位工作人员考勤管理暂行办法》等规章，将干部职工绩效工资分配与岗位职责、工作量、工作效率、工作业绩等直接挂钩。

3. 山东

两市齐头并进推进改革。山东省泰安市、临沂市是全省国有林场改革试点地区，他们认真实施《山东省国有林场改革试点方案》，全面完成体制改革、机制创新、民生改善等国有林场改革试点任务，取得一些成果和经验。

创新管理体制机制。两市 42 处国有林场均定性为公益一类事业单位并纳入事业编制。林场职工工资和社会基本保险全额按事业单位纳入同级财政预算。泰安市宁阳县将所属 4 处林场整合为 2 处，临沂市将 8 处国有林场与 8 处国有苗圃合并，泰安市 3 处国有林场与 2 处国有苗圃合并。积极引入市场机制，国有林场造林、抚育、森林采伐和森林管护等生产性用工实行由政府面向社会购买服务。实施规范的岗位设置管理，建立以岗位绩效为主要内容的收入分配制度和以聘用制为主的新型用人制度。

基建投入力度空前。临沂市将国有林场基础设施建设纳入地方经济社会建设计划，有效改善了林场道路、办公场所、水电、通信、广播电视等基础设施。泰安市投入 3. 20 亿多元，为国有林场建水库、塘坝 100 座；架高、低压线路 130 千米；硬化林区道路 146. 40 公里等。部分林场基础设施和造林、营林、护林等建设项目纳入市县基本建设计划和行业发展规划。

民生得到全面改善。职工工资水平大幅提升，由改革之初的人均年工资性收入不足 1. 50 万元提高到目前的 5 万多元，达到当地事业单位职工工资同等水平。职工全部纳入社会保障体系，实现“五险一金”足额缴纳参保，清偿 1338. 14 万元社会保险欠款。

生态功能明显提升。两市国有林场经营面积由 52066. 67 公顷增加到 59933. 33 公顷。泰安市国有徂徕山林场森林蓄积量由 2011 年的 49 万立方米增加到现在的 60. 05 万立方米。泰山林场负氧离子浓度每立方厘米达 2. 20 万个，细颗粒物（PM2. 5）平均每立方米仅 15 微克，生态功能显著增强。

积累两条宝贵经验。一是强化组织领导。山东省政府、相关部门领导深入两市调研，积极指导国有林场改革试点工作。泰安、临沂两市将任务分解，层层传导压力，建立责任制。组织省国有林场改革试点工作督导组，不定期深入有关市、县（市、区）和国有林场进行督导，并建立国有林场改革进展月报制度。通过举办培训班、召开座谈会等多种形式指导国有林场改革。二是科学制订方案。山东省成立专题调研组，全面摸清国有林场基本情况、改革中存在的困难和问题，并提出切实可行的保障措施，形成的调研报告对开展国有林场改革试点工作起到重要指导作用，明确国有林场公益事业单位的改革方向。

4. 江西

试点改革收获“三成果两经验”。江西省是全国国有林场改革整体推进省，试点改革着力转变国有林场发展方式，精心谋划，统筹推进，全面完成体制改革、机制创新、民生改善等国有林场改革试点任务，为全国国有林场改革积累了宝贵经验。

成果一：坚持生态导向，明确界定国有林场生态责任和保护方式。林场规模得到合理优化，全省425个国有林场整合重组为216个，场均经营面积由3866.67公顷提高到8000.00公顷，为改革前的2.07倍。加大地方财政投入，确保长效发展，将定性为公益服务事业单位的人员和机构经费纳入财政预算。创新森林资源管护机制和人力资源制度，初步建立以岗位绩效为主要内容的收入分配制度和以聘用制为主的新型用人制度，国有林场造林抚育和森林管护等工作初步建立社会购买服务机制。

成果二：健全职工就业制度和社会保障机制，民生得到切实改善。妥善安置富余职工，干部职工满意度高，全省林区社会总体保持平稳。事业性国有林场职工工资达到当地事业单位职工工资同等水平，基本养老保险和基本医疗保险参保率均达到100%。出台《未参保国有林场职工参加基本养老保险的有关政策》《关于困难农林水企事业单位职工参加城镇职工基本医疗保险有关问题的通知》等8项国有林场改革配套政策。

成果三：采取有效措施，森林资源得到有效保护。省级财政将国有林场公益林管护补助标准提高到每亩20.5元，2015年市县财政安排国有林场森林资源培育管护经费1.1亿元，全省国有林场木材采伐量呈逐年下降趋势。“十二五”期间，江西省国有林场年均森林采伐量减少242.13万立方米，天然林年均采伐量减少113.5万立方米。

经验一：江西省委、省政府高度重视，各有关单位全力推动林场改革。省级人民政府成立主要领导任组长的领导小组，明确各部门分工。连续3年将国有林场改革工作写入省政府工作报告，与11个设区市签订国有林场改革目标责任状。省发展和改革委员会、省住建厅将国有林场职工危旧房改造等基础设施建设纳入保障性安居工程；省财政厅筹集4.86亿元改革配套资金；省人保厅负责落实社保政策；省林业厅建立厅长挂片包干责任制，分工督导市县改革工作。

经验二：将国家政策要求同江西具体实际紧密结合，科学组织推动。合理确定总体目标和主要任务，市县贯彻落实有刚性遵循，同时考核评判有明确标准。坚持从严审批方案，对改革方案逐县审批，确保正确的改革方向。同时着力加强指导督查，建立信息通报制度，成立10个督导调研组。严格实施验收倒逼，率先制定《全省国有林场改革评估验收办法》《国有林场改革省级评估验收工作方案》，在区市预评估验收基础上，逐县进行改革评估验收。

5. 湖南

多措并举，保生态、保民生。湖南省作为全国国有林场改革试点整体推进省，认真实施《湖南省国有林场改革试点方案》，试点改革坚持求深度、求广度，以4项措施、4条经验着力转变国有林场发展方式。

措施一：坚持公益方向，理顺管理体制。将全省208个国有林场全部定性为公益性事业单位，其中公益一类事业单位191个，公益二类事业单位17个，完成单位属性变更登记。全省国有林场核定事业编制14177个，较改革前精简编制33.19%。人员、机构和续保经费纳入当地财政预算。

措施二：加大政策扶持，民生全面改善。完成国有林场危旧房改造51775户，实施国有林场饮水安全工程，开展国有林场电网改制和改造工作，林场电网基本移交大电网，国有林场公路基本纳入当地农村公路建设规划。省财政每年安排预算补助国有林场职工养老保险续保费用。全省国有林场职工基本养老保险和医疗保险实现全覆盖。依据相关政策为部分林场职工办理提前退休手续。通过转岗就业、内部退养、政府购买服务等途径，原本下岗失业人员全部实现再就业。

措施三：创新发展机制，保护森林资源。落实国有林场法人自主权，完成事业单位岗位设置，建立绩效考核机制，将资源管护水平与林场管理人员的绩效直接挂钩，形成能者上、劣者下、奖勤罚懒的良性机制。建立以国有林场森林经营方案为基础的森林资源监管机制，严格实行森林资源限额采伐制度。“十二五”期间，下达木材生产计划较采伐限额少113.41万立方米，全省国有林场实现净增活立木1000万立方米。

措施四：实现政事分开和事企分开。国有林场57所场办学校、87所场办医院全部剥离，教师、医护人员完成转编。337个代管村实现剥离。

经验一：重视程度高。省政府成立由省长任组长，省委副书记、分管副省长任副组长，11个厅局为成员的国有林场改革领导小组。主要省领导多次参与实地调研。

经验二：部门联动强。省机构编制委员会办公室出台《关于认真做好国有林场改革中涉及事业单位机构编制调整工作的通知》，统筹解决编制问题；省发展和改革委员会出台专门文件，将国有林场纳入农村电网改造升级范围；省财政厅安排资金用于林场职工购买养老保险，将国有林场生态公益林国家补助从每亩7元提高到每亩10元；省林业厅建立厅长分片包干制，加强督导。

经验三：方案制定实。各地改革办在制订改革方案时，既体现政策要求，又充分征求各方面意见，体现地方特色。具体操作上，先行调研，摸清家底；积极试点，积累经验；顶层设计，量力而行。

经验四：宣传动员细。让职工明白国有林场改革是大势所趋，早改革早受益、晚改革晚受益、不改革不受益。改革目的是保生态、促民生，而不是甩包袱。

6. 河北

完成目标任务，改革尚需深化。根据《国有林场改革试点验收办法》，国有林场和国有林区改革工作小组通过对河北省改革试点地区——承德市听取汇报、现场查验打分、开展职工满意度座谈等方式综合评估，河北省国有林场改革试点验收结果评定为合格。

河北省实施《河北省国有林场改革试点方案》，紧紧围绕保生态、保民生两大改革目标，加强领导，全力推动，继续深化国有林场改革，着力转变发展方式，基本完成体制改革、机制创新、改善民生等改革试点任务，取得以下两方面主要成效。

一，管理体制初步理顺，森林资源得到有效保护。试点范围21个国有林场界定为公益型林场，核定事业编制1017名。两县国有林场管理机构得到强化，管理体制进一步优化。天然林商业性采伐全部停止，有林地面积增加1533.33公顷，林木蓄积增加60万立方米。

二，有效推进政事分开，初步建立公益林管护机制。初步实行以聘用制度和岗位管理制度为主的事业单位人事管理制度，明确岗位职责和条件，共设立管理岗位 122 名，专业技术岗位 357 名。建立绩效考核制度，将考核结果作为晋升职务和兑现待遇的重要依据，通过绩效挂钩，调动干部职工积极性，形成干事、务实、高效的良好工作氛围。初步建立政府购买国有林场公益林管护、抚育等服务机制，近 3 年共支出 4600 万元。

截至 2016 年，河北省国有林场改革工作还有部分内容需要进一步完成，一是在丰宁县和隆化县国有林场确定为公益型林场后，需要进一步明确是公益一类或公益二类的性质。二是国有林场路、水、电基础设施建设滞后，两试点单位 21 个国有林场中有 4 个营林区不通公路、不通电、饮水不达标。三是人员结构不合理。30 岁以下职工仅占职工总数的 5%，有职称的专业技术人员仅占 10%，技术和管理人员断档问题比较突出，职工老龄化日趋明显。四是职工工资未纳入财政预算，工资水平低于当地同等事业单位职工。

（三）各地改革成果显著

1. 出台省级改革实施方案，一些领域取得重大突破

北京、山西等 30 个省（自治区、直辖市）党委、政府出台省级国有林场改革实施方案。广东、内蒙古等 27 个省（自治区、直辖市）以省政府名义召开国有林场改革启动会，对改革工作作出全面部署。浙江等 4 省已完成改革主体任务，浙江、江西和湖南 3 省试点改革通过了国家验收。青海省完成国有林场定性、政事企分开等改革主体任务。部分省区在林场优化整合、解决职工社会保障问题等方面取得重大突破。重庆、海南等解决了全部职工的养老和医疗保险，广西、宁夏等剥离了部分学校和医院，河南、湖北、广西、宁夏等林业主管部门成立国有林场管理处，强化组织领导。

2. 部分省（自治区、直辖市）明确或落实了省级改革补助政策或资金

广东、吉林、湖北、福建、重庆等落实省级改革补助资金 12.20 亿元，其中广东省落实 4.10 亿元，湖北省计划安排 2.48 亿元，福建省明确省级财政每年安排 1 亿元支持省属国有林场改革。

3. 积极化解债务

重庆、山西等主动化解金融债务近 2 亿元。重庆市在国家没有出台债务化解的具体政策前，核销贷款 7185 万元，并解除了抵押关系，收回了抵押物，剩余 3276 万元解除抵押手续正在办理中。宁夏摸清了林场债务底数，正

在研究具体化解措施。

4. 创新资源保护、绩效考核等体制机制

山西、青海、广东分别开展国有林场森林资源立法保护、管护绩效考评。《山西省永久性公益林地保护条例》纳入2016年立法计划，初步计划划定永久性生态公益林373.33万公顷。青海省印发《国有林场绩效考评办法（试行）》，首开全国国有林场绩效考评先河，取得显著成果。北京制定政府购买服务定额标准和发展规划，创新国有林场发展机制。宁夏出台国有林场编制核定指导意见。浙江建立国有林场改革表彰机制，表彰50个先进集体和100位先进个人。

5. 推进国有林场林地确权发证

广东省印发《广东省人民政府办公厅关于加快推进国有林场林权确权发证工作的通知》，就推进国有林场林地、林木确权发证作出部署，明确任务和要求，强化国有资源资产监管，切实维护国有林场合法权益。青海省102个国有林场540.13万公顷林地全部落界确权并颁发林权证。

6. 谋划落实国有林场基础设施建设政策

宁夏回族自治区林业厅、发展和改革委员会、财政厅印发《关于开展全区国有林场基础设施建设情况摸底调查的通知》，对国有林场基础设施情况进行摸底，着手安排解决各国有林场水、电、路等基础设施建设落后的问题。重庆市、青海省下发《关于开展国有林场（区）道路基础数据调查的通知》，完成国有林场道路基础数据调查，并纳入省级农村公路网建设规划，向交通部报送《关于国有林场（区）道路相关情况的报告》。

第二章 资源保护利用

森林资源培育保护、监督管理是国有林场的主要职责。通过国有林场改革，强化国有林场森林资源保护，稳步推进森林经营方案编制与实施，扎实开展造林、森林经营等工作，进一步拓展了发展空间。

一、森林资源保护

（一）总体状况

据初步统计，截至2016年年底，全国国有林场经营总面积0.77亿公顷，其中林业用地面积0.58亿公顷，森林面积0.45亿公顷，森林蓄积量近0.40亿立方米，分别约占全国林业用地面积、森林面积和森林蓄积量的20%、23%和27%；宜林地面积0.05亿公顷。国有林场中幼林面积0.2亿公顷，占森林面积的44%。

截至2016年年底，全国国有林场公益林面积0.41亿公顷，其中：国家重点公益林0.27亿公顷，占林业用地面积的47%；地方公益林0.14亿公顷，占林业用地面积的24%。商品林0.07亿公顷，占林业用地面积的12%。林业用地面积中公益林与商品林面积合计0.48亿公顷，占林业用地面积的83%。

2016年，国有林场全面停止天然林商业性采伐，森林资源得到有效保护。停伐政策实施后，国有林场每年减少森林采伐量约556万立方米，有力促进了森林资源培育。

（二）区域情况

东北地区：黑龙江省国有林场经营总面积722.93万公顷，林业用地面积717.82万公顷，其中有林地面积526.40万公顷，总蓄积量4.10亿立方米。吉林省国有林场经营总面积388.8万公顷，林业用地面积292.53万公顷，森林面积268.93万公顷，森林蓄积量2.94亿立方米。辽宁省国有林场经营总面积81.67万公顷，其中商品林面积23.20万公顷，公益林面积51.93万公顷；林木总蓄积5335万立方米；国有林场森林面积占全省森林总面积的1/9，蓄积量占1/5，优质林分大都集中在国有林场。

华北地区：北京市国有林场经营总面积6.30万公顷，林业用地总面积的4.60万公顷，森林面积4.60万公顷，森林总蓄积220万立方米。河北省国有林场经营总面积84.6万公顷，林业用地总面积的80.60万公顷，森林面积63.30万公顷，森林总蓄积183.23万立方米。山西省国有林场林地总面积267.30万公顷，占全省面积的32%；有林地面积160.40万公顷，占全省有林地面积的61%；活立木蓄积9134万立方米，占全省活立木蓄积的71%。内蒙古自治区国有林场（含岭南八局）经营面积1200万公顷，林业用地面积1053万公顷，森林面积720万公顷，森林蓄积3.40亿立方米，

华中地区：湖北省国有林场经营总面积82.14万公顷，其中林业用地面积79.30万公顷，森林面积75.40万公顷，总蓄积量6498万立方米。湖南国有林场经营总面积110.53万公顷，其中林业用地面积104.73万公顷，森林面积82.70万公顷，总蓄积量7754万立方米。河南省全年完成造林2.50万公顷，森林抚育面积2800公顷。江西国有林场经营总面积172.50万公顷，其中林业用地面积151.10万公顷，森林面积126.90万公顷，总蓄积量9264万立方米。

华南地区：广东省国有林场经营总面积80万公顷，林地面积77万公顷，其中生态林48万公顷，占国有林场林地面积的62%；商品林29万公顷，占国有林场林地面积的38%；森林蓄积5085万立方米。广西壮族自治区国有林场经营总面积146.50万公顷，其中林业用地面积136.80万公顷，森林面积109.10万公顷，总蓄积量8491万立方米。海南省国有林场经营总面积22.30万公顷，其中林业用地面积24.50万公顷，森林面积24.50万公顷，总蓄积量4354万立方米。中国林业科学研究院国有林场经营总面积6.00万公顷，其中林业用地面积5.90万公顷，森林面积3万公顷，总蓄积量217.80万立

方米。

华东地区：福建省国有林场经营总面积 40.50 万公顷，其中林业用地面积 39.30 万公顷，森林面积 36.50 万公顷，总蓄积量 4656 万立方米。江苏省国有林场经营总面积 10.70 万公顷，其中林业用地面积 9.50 万公顷，森林面积 8.70 万公顷，森林覆盖率达 81%，总蓄积量 475 万立方米。浙江省国有林场经营总面积 25.60 万公顷，其中林业用地面积 24.90 万公顷，占全省林业用地面积的 4%，森林面积 23.60 万公顷，森林覆盖率 92%，森林蓄积 2082 万立方米。山东省国有林场有经营总面积 16.80 万公顷，其中林业用地面积 16.50 万公顷，森林面积 14 万公顷，森林蓄积量 610.56 万立方米。安徽国有林场经营总面积 27.90 万公顷，林业用地面积 27.70 万公顷，其中生态公益林面积 19.70 万公顷，约占 71%；活立木总蓄积量 1690 万立方米。

西南地区：贵州省国有林场经营总面积 37 万公顷，林业用地面积 31.20 万公顷（包括公益林面积 22.80 万公顷、商品林面积 8.10 万公顷），非林业用地面积 2533 公顷，森林总蓄积 2602 万立方米。云南省国有林场总经营面积为 313.50 万公顷，其中林业用地面积 271.60 万公顷，非林业用地面积 41.90 万公顷。四川国有林场经营总面积 384.20 万公顷，其中林业用地面积 263.60 万公顷，森林面积 192 万公顷，总蓄积量 2.20 亿立方米。重庆国有林场经营总面积 40 万公顷，其中林业用地面积 39.30 万公顷，森林面积 36 万公顷，总蓄积量 3632 万立方米。

西北地区：甘肃省国有林场经营总面积 802 万公顷，其中有林地面积 505.60 万公顷，森林面积 233.20 万公顷，森林覆盖率 51%，蓄积量 7.7 亿立方米。宁夏回族自治区国有林场经营总面积 103 万公顷，占全区国土面积的 20%，占全区林地总面积的 57%，其中，林业用地 94.80 万公顷，非林业用地 8.20 万公顷；森林面积 35 万公顷，蓄积量 2.60 亿立方米。青海省国有林场经营总面积 640 万公顷，其中林业用地面积 540 万公顷，其中有林地 45.50 万公顷、疏林地 6.80 万公顷、灌木林地 263.60 万公顷、未成林地 14.50 万公顷。陕西省国有林场经营总面积 420.50 万公顷，其中林业用地 394.30 万公顷，有林地面积 303 万公顷，活立木蓄积 2.20 亿立方米，森林覆盖率 74%，有林地面积和活立木蓄积分别占全省的 34% 和 42%。新疆维吾尔自治区国有林场经营总面积 1739 万公顷，其中林业用地 857 万公顷，森林面积 513 万公顷，活立木蓄积 5.60 亿立方米。

二、森林经营方案编制与实施

（一）进一步推动国有林场森林经营方案编制修订工作

国家林业局指导各省（自治区、直辖市）开展国有林场森林经营方案编制修订工作，推动改革先行地区建立以森林经营方案为核心的森林经营管理制度。截至2016年底，全国2430个国有林场完成了森林经营方案的编制和修订，其中辽宁、黑龙江、福建、河南、重庆等省（直辖市）及中国林业科学研究院已经全面完成。重庆市2010年市财政局就对全市74个国有林场每个给予5万元的编制经费补助，部分区县在编案中也得到了当地财政的支持，确保国有林场森林经营方案编制工作顺利开展。河北省木兰围场国有林场管理局借鉴德国近自然经营理念和技术编制的森林经营方案，已通过省级评审。

（二）森林经营新模式示范探索与总结推广

为促进创新国有林场森林经营机制，国家林业局支持湖南省攸县黄丰桥国有林场和甘肃省小陇山林业实验局百花林场开展不同森林经营模式示范探索，建设杉木大径材培育、国家储备林林下改培、珍稀树种培育、石漠化造林示范样地及栎类阔叶林培育示范林标准地，编写《杉木大径材培育技术指南》《国家储备林林下改培示范模式探讨》和《栎类阔叶林培育示范林建设阶段性总结》，对山西等省国有林场"精细化管理、资产化管护"等森林经营新模式进行总结推广。

三、造林、森林经营工作扎实推进

（一）总体情况

研究建立森林经营方案实施评价指标体系，进一步推动国有林场建立以森林经营方案为核心的森林经营管理制度；配合有关部门抓好国有林场森林抚育、低产低效林改造、国家木材储备基地建设、发展场外合作造林等工作，着力提升森林质量和功能。

同时，抓住落实习近平总书记关于塞罕坝林场重要指示精神的难得机遇，经过周密部署和严格论证，会同国家发展和改革委员会、财政部联合确定了河北白洋淀上游、内蒙古浑善达克、青海湟水河3个规模化林场建设试点，初步规划总建设规模53.33多万公顷，为创新林场发展机制，拓展发展空间赢得了新机遇。

2016年，国家发展和改革委员会提高了中央投资补助标准，为加快森林资源培育注入强大动力。其中，人工造乔木林500元/亩、人工造灌木林240元/亩、封山育林100元/亩、飞播造林160元/亩、天然林资源保护工程补植补造和改造培育300元/亩，分别比原标准提高了30元到200元不等。河北等29个省（自治区、直辖市）2016年造林更新和抚育面积分别比2015年增加10%和13%，实现面积和蓄积双增长，其中山西、内蒙古、广西、四川等省（自治区）场外造林12.30万公顷。

（二）各地动态

甘肃省切实加强森林资源管护，实现了森林面积，蓄积量双增长。全年共完成人工造林3.96万公顷，其中场外造林0.41万公顷；完成中幼林抚育7.19万公顷。

陕西省国有林场认真实施天然林保护工程、三北防护林建设等林业重点工程，全年共完成各项公益林建设任务6.22万公顷，其中人工造林2.58万公顷，飞播造林0.69万公顷，封山育林2.95万公顷；完成场外造林面积0.19万公顷；完成中幼林抚育9.00万公顷，低产林改造0.02万公顷，森林经营质量不断提高。2016年共落实森林管护面积394.80万公顷。

山西省国有林场共完成年度国家森林抚育补贴试点任务6.07万公顷，共涉及192个林场，占年度计划的100%。2016年全年完成天保公益林建设2.97万公顷，其中人工造林完成1.00万公顷，封山育林完成1.97万公顷。

青海省国有林场完成营造林4.29万公顷（其中人工造林0.99万公顷、封山育林3.30万公顷），将天保工程中央预算内人工造林及封山育林项目与省级财政灌改乔项目等统筹安排，不断增加林场森林面积。完成森林抚育1.90万公顷，通过抚育间伐、割灌、修枝、除草、定株抚育、补植补栽、灌溉施肥、采伐剩余物清理运输、简易作业道路修建等抚育措施，进一步改善了林地立地条件，提高了林分质量，促进森林健康生长。

宁夏回族自治区国有林场积极开展人工造林及森林抚育，认真实施天然林保护、三北防护林建设等重点工程。完成人工造林0.84万公顷；完成森林抚育1.46万公顷，其中天然林保护区森林抚育0.62万公顷，其他森林抚育0.84万公顷；完成低效林改造0.23万公顷；实施天然林保护工程区管护52.20万公顷，三北防护林工程区管护0.37万公顷；完成2016年度中央财政和自治区财政林木良种补贴项目，培育良种苗木6145万株。

贵州省国有林场完成人工造林任务0.52万公顷，其中场外造林0.13万公顷；完成中幼林抚育2.27万公顷。

第三章　林场产业发展

国有林场产业有林下种植、速生丰产林、经济林种植等第一产业，板业、小型水电站、采矿业等第二产业，森林旅游、森林人家等第三产业。木材销售收入仍然是国有林场营业收入与利润的主要组成部分。

一、产业发展总体情况

（一）投入产出情况

2016 年，国有林场营业总收入 143. 12 亿元，比 2015 年减少 10. 90 亿元；营业总成本 196. 70 亿元，比 2015 年减少 3. 39 亿元。营业外净收入 9. 09 亿元，比上年增加 2. 80 亿元。承包户上交净收入 8. 77 亿元，比上年减少 0. 32 亿元。补贴收入 42. 26 亿元，比上年增加 7. 55 亿元。2016 年全国国有林场实现净利润 7. 97 亿元，比上年增加 3. 09 亿元（见图 3-1）。

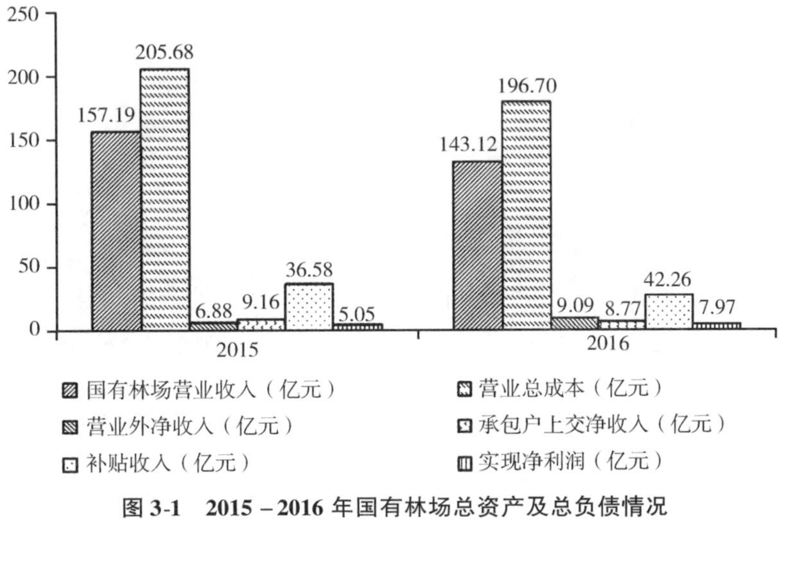

图 3-1　2015－2016 年国有林场总资产及总负债情况

2016 年国有林场政策性社会性经费收入 4.96 亿元。其中，各级财政补助和事业等其他收入 4.34 亿元，企业自筹 0.62 亿元。全年共支出 2.57 亿元（比上年减少 0.33 亿元），其中，教育 0.26 亿元、医疗卫生 0.30 亿元、公检法司 0.19 亿元、政府经费 0.96 亿元、环卫等其他 0.86 亿元。

2016 年，国有林场全年营业利润 46.66 亿元（剔除营业总成本中管理费、财务费等期间费用后的产品或行业销售利润），比上年增加 2.90 亿元。营业收入中全年种植业总收入 84 亿元，占国有林场营业总收入的 58.69%，营业利润 33.96 亿元，占总营业利润的 72.79%，是国有林场营业收入的主要组成部分。此外，非林木产业发展较快，经济效益开始显现，实现营业收入 38.44 亿元，比上年减少 1.57 亿元，占林场总收入的 26.86%；实现营业利润 11.73 亿元，比上年增加 1.49 亿元，占营业利润的 82.39%。

（二）资产及负债情况

2016 年年末，全国国有林场总资产 1832.23 亿元。其中流动资产 500.80 亿元（货币资金 205.57 亿元），包括固定资产净值和林木资产的非流动性资产 1331.43 亿元（固定资产净值 305.19 亿元，林木资产 760.81 亿元）；国有林场总负债 715.14 亿元，其中流动负债 541.88 亿元，非流动负债 173.26 亿元（见图 3-2）。截至 2016 年年底，含林木资产的资产负债率 39.03%，比上年减少 0.32%；不含林木资产的资产负债率 65.54%，比上年减少 2.18%。

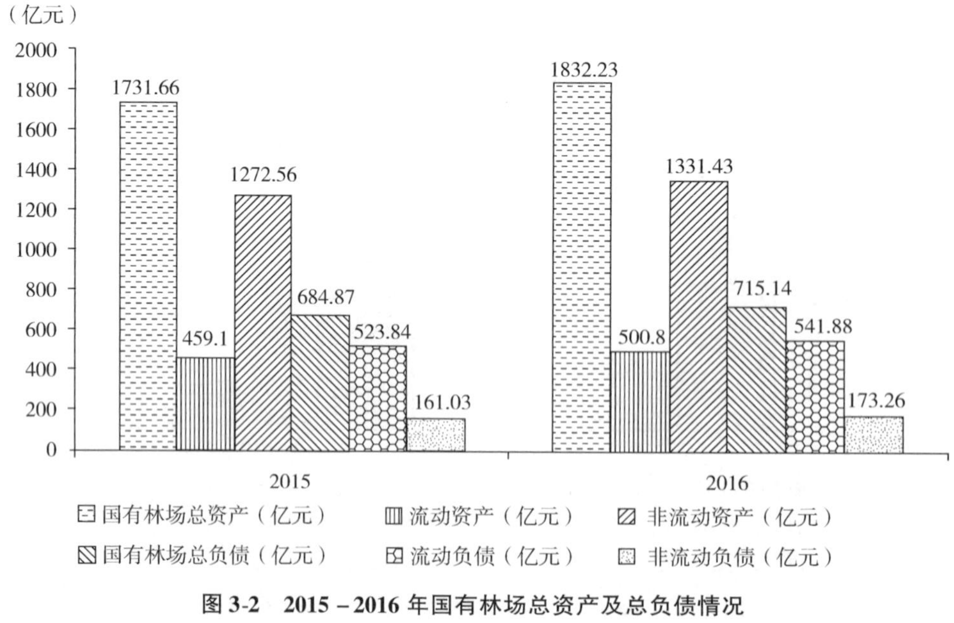

图 3-2　2015－2016 年国有林场总资产及总负债情况

所有者权益1117.09亿元，其中实收资本182.43亿元（国家资本82.83亿元），林木资本741.12亿元，资本公积172.37亿元，盈余公积29.37亿元，未分配利润-8.2亿元。

二、主要产业收入情况

（一）种植业

2016年，国有林场全年种植业营业总收入84亿元（见表3-1），营业总收入中比例最大。其中，广西壮族自治区营业收入27.33亿元，占全国国有林场种植业营业收入的32.53%，是全国国有林场种植业收入最多的省份；其次是吉林省、黑龙江省、江西省和福建省。位居前五的省种植业营业总收入占全国营业总收入的65.83%。

表3-1　2016年各省（自治区、直辖市）国有林场种植业收入情况

序号	省区	种植业收入（万元）	序号	省区	种植业收入（万元）
1	北京市	1016.39	17	湖北省	8924.05
2	天津市	—	18	湖南省	29732.01
3	河北省	26261.23	19	广东省	39255.30
4	山西省	18363.02	20	广西壮族自治区	273283.51
5	内蒙古自治区	10581.46	21	海南省	621.48
6	辽宁省	47066.76	22	重庆市	1721.38
7	吉林省	87344.14	23	四川省	9618.72
8	黑龙江省	70654.49	24	贵州省	6258.36
9	上海市	—	25	云南省	7435.94
10	江苏省	6476.76	26	西藏自治区	—
11	浙江省	10656.84	27	陕西省	5834.38
12	安徽省	16407.63	28	甘肃省	14872.07
13	福建省	52843.55	29	青海省	720.30
14	江西省	72144.19	30	宁夏回族自治区	3758.72
15	山东省	4436.82	31	新疆维吾尔自治区	9588.70
16	河南省	4102.10			

（二）养殖业

2016年，全国国有林场全年养殖业营业总收入1.70亿元（见表3-2），仅占全国国有林场营业总收入的2%。其中，浙江省营业总收入9694.68万元，广西壮族自治区营业总收入3033.91万元，吉林省营业总收入1388.18万元，分别位列前三名，三省养殖业营业总收入1.17亿元，占全国养殖业营业总收入的82.4%。

表3-2　2016年各省（自治区、直辖市）国有林场养殖业收入情况

序号	省区	养殖业收入（万元）	序号	省区	养殖业收入（万元）
1	北京市	33.50	17	湖北省	48.72
2	天津市	—	18	湖南省	461.39
3	河北省	159.07	19	广东省	—
4	山西省	—	20	广西壮族自治区	3033.91
5	内蒙古自治区	29.35	21	海南省	167.88
6	辽宁省	96.44	22	重庆市	—
7	吉林省	1388.18	23	四川省	—
8	黑龙江省	259.89	24	贵州省	—
9	上海市	—	25	云南省	6.51
10	江苏省	698.17	26	西藏自治区	—
11	浙江省	9694.68	27	陕西省	—
12	安徽省	—	28	甘肃省	24.95
13	福建省	—	29	青海省	—
14	江西省	—	30	宁夏回族自治区	—
15	山东省	599.05	31	新疆维吾尔自治区	14.88
16	河南省	—			

（三）种养业初加工

2016年，国有林场全年种养业初加工产品营业总收入5.19亿元（见表3-3），占全国国有林场营业总收入的6.20%。其中，广西壮族自治区营业总收入42487.90万元，吉林省营业总收入4114.06万元，湖南省营业总收入696.55万元，分别位列前三名，三省种养业初加工营业总收入4.95亿元，占全国种养业初加工营业总收入的87.52%。

（四）森林旅游业

以森林旅游为主的旅游服务业发展势头良好。2016年，全国国有林场旅游服务业实现营业收入5.75亿元，占国有林场营业总收入的6.85%。

表 3-3　2016 年各省（自治区、直辖市）国有林场种养业初加工产品收入情况

序号	省区	养殖业收入（万元）	序号	省区	养殖业收入（万元）
1	北京市	—	17	湖北省	55.35
2	天津市	—	18	湖南省	696.55
3	河北省	—	19	广东省	21.76
4	山西省	235.49	20	广西壮族自治区	42487.90
5	内蒙古自治区	2.71	21	海南省	—
6	辽宁省	618.05	22	重庆市	—
7	吉林省	4114.06	23	四川省	71.65
8	黑龙江省	935.74	24	贵州省	—
9	上海市	—	25	云南省	761.33
10	江苏省	211.06	26	西藏自治区	—
11	浙江省	—	27	陕西省	3.54
12	安徽省	135.36	28	甘肃省	1.11
13	福建省	—	29	青海省	—
14	江西省	1382.29	30	宁夏回族自治区	—
15	山东省	203.99	31	新疆维吾尔自治区	—
16	河南省	—			

三、林产品产销情况

（一）原木

2016 年，全国国有林场全年原木产量 836.77 万立方米，比上年减少 18.26 万立方米；销售量 976.98 万立方米，比上年减少 16.86 万立方米。木材销售收入 68.29 亿元，比上年减少 7.65 亿元。木材平均售价 699 元/立方米，比上年减少 65 元/立方米。销售利润 29.52 亿元，比上年减少 1.15 亿元，占国有林场总营业利润的 63.27%，占种植业营业利润的 86.93%。详见表 3-4。

表 3-4　2016 年各省（自治区、直辖市）国有林场原木产销情况

序号	省区	产量（万立方米）	销量（万立方米）	销售收入（万元）	销售利润（万元）
1	北京市	—	—	—	—
2	天津市	—	—	—	—
3	河北省	243598.61	216396.77	15275.79	9640.80

（续）

序号	省区	产量（万立方米）	销量（万立方米）	销售收入（万元）	销售利润（万元）
4	山西省	68669. 22	68963. 15	2894. 23	1058. 62
5	内蒙古自治区	25485. 66	46894. 27	2884. 09	1257. 75
6	辽宁省	511810. 49	500200. 65	33219. 48	23767. 25
7	吉林省	759866. 03	886219. 21	81061. 51	43456. 09
8	黑龙江省	775596. 54	803677	61985. 06	34993. 22
9	上海市	—	—	—	—
10	江苏省	22596. 15	29379. 48	1524. 41	591. 34
11	浙江省	70936. 37	72701. 99	6545. 86	3076. 10
12	安徽省	160522. 49	177303. 24	12717. 30	6258. 14
13	福建省	580707. 41	580305. 55	51005. 78	25970. 85
14	江西省	606686. 02	680349. 33	68049. 96	38596. 53
15	山东省	24661	30380. 60	1927. 10	922. 71
16	河南省	48310	87837. 34	2433. 71	-2517. 11
17	湖北省	37711. 89	52381. 48	3439. 50	1826. 27
18	湖南省	224998. 18	278769. 57	25822. 35	2419. 64
19	广东省	770664. 70	582213. 83	34976. 48	21987. 36
20	广西壮族自治区	3129682. 51	4345028. 18	256413. 54	74217. 95
21	海南省	1495. 50	3078. 46	47. 13	-39. 05
22	重庆市	13157. 48	14767. 25	1007. 01	481. 19
23	四川省	112109. 62	112559. 72	9098. 80	5342. 01
24	贵州省	92035. 45	109492. 12	5337. 51	1138. 38
25	云南省	76492. 06	79769. 64	4694. 37	458. 77
26	西藏自治区	—	—	—	—
27	陕西省	5666. 39	6227. 71	293. 07	194. 60
28	甘肃省	4228. 27	4823. 27	257. 99	134. 07
29	青海省	—	—	—	—
30	宁夏回族自治区	—	—	—	—
31	新疆维吾尔自治区	57	47	7. 90	7. 9

（二）纤维板

2016 年，全国国有林场纤维板产业主要集中在辽宁省、浙江省和广西壮族自治区，全年纤维板产量 51. 29 万立方米，比上年减少 4. 32 万立方米；销售量 66. 69 万立方米，比上年减少 4. 36 万立方米；实现销售收入 8. 07 亿元，比上年减少 0. 70 亿元；平均售价 1210 元/立方米，比上年减少 24 元/立方米；销售利润 -0.38 亿元。纤维板产量主要集中在广西，产量为 51.28 万立方米。

（三）苗木

2016 年，全国国有林场全年销售苗木收入 10.6 亿元，占种植业总收入的 12.60%，比上年减少 0.50 亿元。实现销售利润 3.78 亿元，比上年增加 5.87 亿元。详见表 3-5。

表 3-5　2016 年各省（自治区、直辖市）国有林场苗木销售情况

序号	省区	销售收入（万元）	销售利润（万元）	序号	省区	销售收入（万元）	销售利润（万元）
1	北京市	1016.39	59.68	17	湖北省	4653.21	1194.47
2	天津市	—	—	18	湖南省	977.44	-271.22
3	河北省	9837.71	3989.54	19	广东省	1337.96	411.97
4	山西省	15404.41	9852.79	20	广西壮族自治区	13411.95	3416.95
5	内蒙古自治区	5434.10	1376.37	21	海南省	310.97	-94.35
6	辽宁省	10995.70	4468.35	22	重庆市	481.63	277.19
7	吉林省	2434.01	158.66	23	四川省	446.03	277.12
8	黑龙江省	2098.08	272.03	24	贵州省	473.55	152.63
9	上海市	—	—	25	云南省	573.05	159.90
10	江苏省	1502.62	946.51	26	西藏自治区	—	—
11	浙江省	2760.02	1177.21	27	陕西省	7111.10	2618.30
12	安徽省	1568.61	616.50	28	甘肃省	12408.57	5348.13
13	福建省	1494.49	646.27	29	青海省	720.30	192.37
14	江西省	311.34	171.83	30	宁夏回族自治区	3460.03	-303.03
15	山东省	2181.94	737.58	31	新疆维吾尔自治区	1894.03	392.54
16	河南省	238.98	-443.44				

第四章　基础设施建设

《国有林场改革方案》要求各级政府将国有林场基础设施建设纳入同级政府建设规划，加大对林场水、电、信、路、房等基础设施建设投入。2016 年，抓住国有林场改革机遇，加大基础设施建设力度，加强生产生活设施、道路及水电设施的改造与升级，林场场容场貌发生巨大变化，国有林场形象显著提升。

一、生产生活设施建设

（一）危旧房改造

2016 年，全国国有林场危旧房改造 15227 户。各省（自治区、直辖市）危旧房改造的基本情况如图 4-1 所示，其中江西省、陕西省、新疆维吾尔自治区等省区危旧房改造户数较多，有效改善了职工居住条件。截至 2016 年年底，云南省累计完成国有林场危旧房改造 5698 户，国家财政投入 8542.50 万元，省级投入 6015 万元，涉及 126 个国有林场。

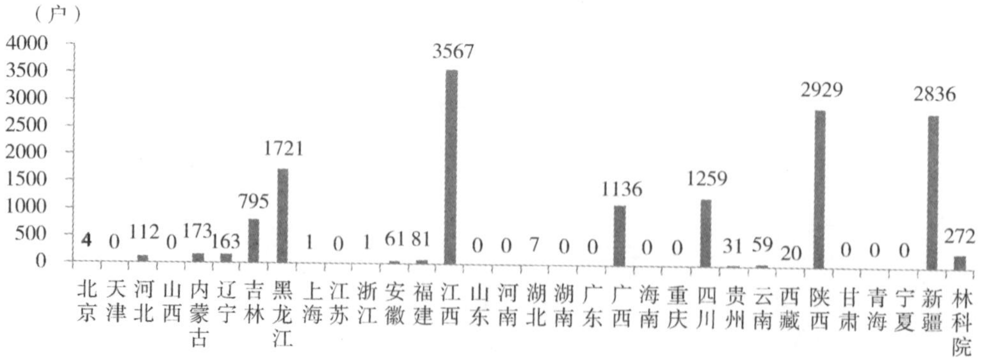

图 4-1　全国部分省（自治区、直辖市）国有林场危旧房改造完成情况

新疆维吾尔自治区共维修管护站820平方米，内蒙古自治区完成新建办公用房4043平方米，维修改造办公用房4722平方米，改善了生产与办公条件。

（二）管护站点用房建设

国有林场管护用房是护林员开展森林管护工作的基本设施和林场干部职工最重要的生产生活设施，也是国有林场实施森林资源保护培育和发展特色产业最重要的前沿阵地。搞好国有林场管护用房建设事关国有森林资源持续健康发展大局。长期以来，国有林场管理用房建设严重落后，突出表现为：建设年代久，主体建筑破损严重；点多面广，建设布局不合理；地处偏僻，配套设施不健全等。截至2016年，全国有1595个林场、9384个管护站点饮水困难或存在饮水安全问题，护林员须到山脚下去背饮用水，遇到雨雪天气，饮水十分困难；有6474个管护站点用房没有照明用电，涉及10万名职工，用电十分困难；绝大多数管护站点只通小土路，道路狭窄、路况差，护林员出行十分困难。严重落后的管护设施已成为国有林场管护能力建设最大的硬件短板，严重制约了国有林场生态修复、扶贫脱贫和全面小康建设的顺利开展。

中共中央、国务院印发的《国有林场改革方案》，提出要加强国有林场建设，加大对国有林场管护站点用房等基础设施的建设力度。国家国有林场和林区改革工作小组明确提出要加快推进国有林场必需的基础设施建设，抓紧研究解决管护用房问题。国家林业局高度重视国有林场管护用房改造工作，2016年10月，组织有吉林省林业厅、龙江森工集团、江西省林业厅等有关单位以及国家发展和改革委员会固定资产投资司、农村经济司，住房与城乡建设部住房保障司等相关部门参加的座谈会，就《国有林区国有林场管护站点用房实施方案》以及下一步如何切实展开国有林区国有林场管护站点用房建设工作进行座谈交流；下发《国家林业局办公室关于开展国有林场、国有林区管护站点用房调查摸底的通知》（办规字〔2016〕81号），开展了国有林场管护站点用房摸底调查工作，并选取部分基层林场开展了施工图设计工作；还将在加强与国家发展和改革委员会等部门的沟通协调、扎实做好摸底调查工作的基础上，按照“立足长远，超前谋划，规模适度，优势突出”的原则，进一步完善规划设计，研究制定建设方案和有关建设标准。同时，积极协调国家发展和改革委员会、财政部等有关部门，认真研究解决国有林场管护用房建设资金渠道问题，力争在推进林业棚户区（危旧房）改造政策时，统筹推进国有林场管护用房建设。

二、道路及水电设施建设

（一）道路建设

2016年，全国完成国有林场林区道路建设10793公里，其中广西壮族自治区完成3780公里，建设规模全国第一，切实解决了林场职工生产生活出行难问题。详见图4-2。

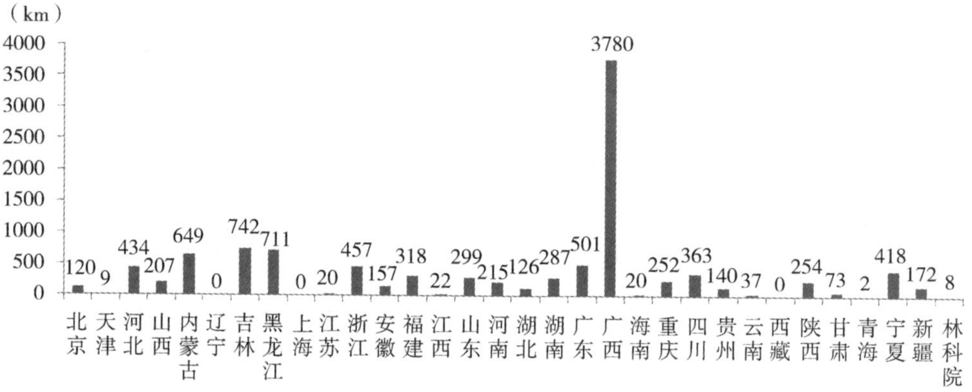

图4-2　全国各省国有林场林区道路建设完成情况

浙江省新（修）建林区道路456.60公里，通往场部公路全部硬化，万亩以上林区基本实现公路通达。新疆维吾尔自治区修建断头路9公里，新场区道路3公里。2016年，云南省林业厅联合有关部门组织开展国有林区（场）道路调查摸底工作，共有16个州市，104个县（市、区）参加了调查工作，调查涉及林业单位418个，覆盖全省全部的203个国有林场，调查采集道路11451.41公里，其中已通畅路段226.81公里，已通达未通畅路段3097.42公里，未通达路段7284.64公里。四川省全年建设林区道路363.12公里，解决饮水安全和饮水困难人口1024人。宁夏回族自治区、内蒙古自治区分别完成林区道路建设417.99公里、649.08公里。

（二）解决饮水安全和饮水困难问题

2016年，全国解决国有林场饮水安全和饮水困难人口基本情况详见图4-3，建设设施包括打机井、修建泵房、蓄水池、铺设输水管道、自来水改造、净化水设备、防渗渠、引水管线、闸压井、新建涵洞等。全国国有林场共解决饮水安全和饮水困难人口 12.60 万，林场职工生产生活条件得到了进一步改善。

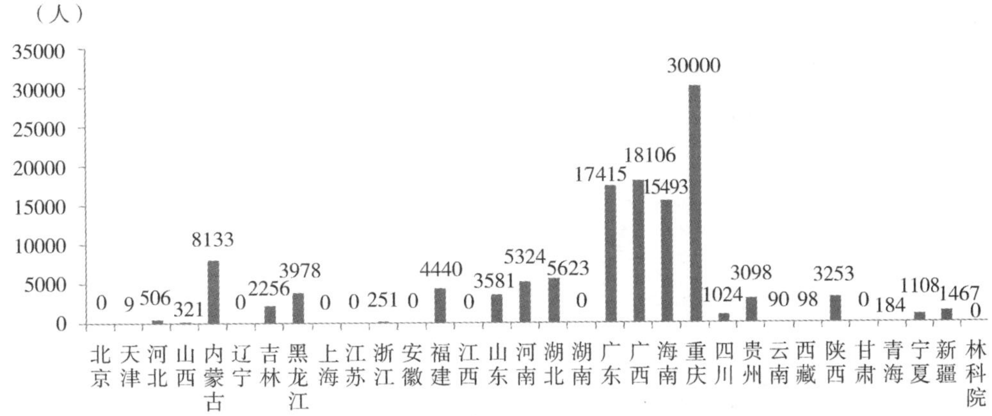

图 4-3　全国各省解决饮水安全和饮水困难人口基本情况

浙江省共在国有林场林区中建设蓄水池 424 个，通过集中式供水、分散式供水等方式，累计解决 9176 人林场职工及家属的安全饮用水问题，其中 2016 年解决 251 人。新疆维吾尔自治区共打饮水井 8 眼，自来水改造 189 户，修建 3.50 公里防渗渠，引水管线 4.60 公里。宁夏回族自治区、内蒙古自治区分别解决国有林场饮水安全和饮水困难人口 1108 人、8133 人。

（三）电力设施建设里程

2016 年，全国国有林场电力设施建设里程 4521 公里，详见图 4-4。建设内容包括架设高压线、架设 220V 民用线路、新建变压器、新建太阳能供电、新建太阳能路灯等。

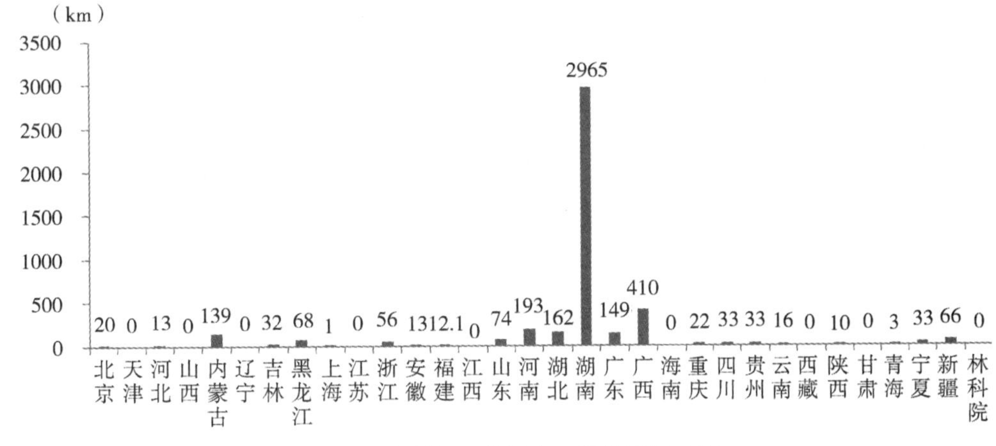

图 4-4　全国国有林场电力设施建设里程

浙江省积极完善国有林场电力设施，共建有变压器367个，输电线路1295公里，其中2016年新（修）建56公里。新疆维吾尔自治区新架设变压器11套，220V供电线23.80公里，新建太阳能供电63套。四川省建设电力设施32.70公里，宁夏回族自治区完成电力设施建设33.21公里，内蒙古自治区完成138.98公里。

第五章　扶贫工作成效

2016年，通过积极争取资金和政策支持，国有贫困林场扶贫工作取得良好成效，为加快国有贫困林场脱贫攻坚步伐，确保到2020年国有贫困林场实现全面脱贫奠定了坚实基础。

一、政策支持

（一）国有贫困林场扶贫工作绩效考评办法印发实施

2016年6月28日，根据《中共中央 国务院关于打赢脱贫攻坚战的决定》精神，国家林业局办公室印发《国有贫困林场扶贫工作成效考评办法（试行）》，从扶贫目标、资金管理、扶贫效果、扶贫效益和扶贫管理等5个方面，对省级林业主管部门国有林场扶贫工作进行绩效考评，考评将持续到2020年，每年开展一次，为确保到2020年实现国有贫困林场全面脱贫提供了重要保障。

（二）拨付国有贫困林场扶贫资金

2016年，国家林业局向财政部报送了《国有林场扶贫资金分配方案》，争取中央财政扶贫资金5亿元，支持了28个省（自治区、直辖市）的856个国有贫困林场改善生产生活条件、发展生产、人员培训等方面内容，比2015年增加了8000万元。总体来看，2016年度国有贫困林场扶贫工作取得了明显成效，山西、内蒙古、黑龙江、湖南、重庆、宁夏等省（自治区、直辖市）共91个国有贫困林场实现脱贫。

此外，各省（自治区、直辖市）国有贫困林场扶贫工作重点各异，内容丰富：新建和维修改造贫困林场场部、分场、管护站所危旧房面积18.1万平方米，新建、硬化、维修林区生产生活道路916.4公里，新建和维修桥梁2座、涵洞4处，打机井101眼，修建泵房1座、蓄水池27个，铺设输水管道76公里，新建变压器等供电系统13套，新建和改造输电线路248.3公里，场区路面硬化3390平方米；营造经济林272.52公顷，培育珍稀树种171.33公顷，造林及低产林改造860.80公顷，新建和改造苗圃458.87公顷，发展林下种植业238.67公顷，建设速丰林基地2127公顷；培训林场干部和技术人员340人次。总体上看，在中央财政大力支持下，明显改善林场生产生活条件，加快发展林业特色产业，不断提升职工素质，推动了国有林场事业健康持续发展。

地方各级财政和林业主管部门密切配合，严格执行《管理办法》规定，坚持完善省级项目管理，强化资金使用管理，积累了宝贵经验，主要措施如下。

（1）强化组织领导，明确责任分工。各级财政和林业主管部门高度重视国有贫困林场扶贫工作，建立健全了各项扶贫制度，层层落实了工作责任，确保扶贫工作顺利开展。吉林、新疆国有贫困林场扶贫“十三五”实施方案已经获得省级人民政府批准，并报国家林业局备案。浙江省各地专门成立项目建设工作领导小组，精心设计方案，指定专人负责，确保工作有序推进。

（2）精准使用资金，解决突出问题。2016年大部分地区集中使用资金，着力解决困扰国有林场发展的基础设施建设滞后和自我发展能力薄弱问题，重点支持改善生产生活条件和发展特色产业，加快贫困林场脱贫步伐。山东省将林场扶贫资金主要用于国有贫困林场通水、通电、通路和护林房维修改造等建设项目。山西省将林场扶贫资金优先安排国定、省定贫困县所属国有贫困林场，重点支持危旧房改造、场部维修和一线管护站危房改造等。

（3）严格项目管理，确保资金效益。各省着重抓好项目实施管理，从项目申报、立项拨款，到实施方案编制、批复实施、抽查监督、验收考核、项目总结等各个环节都有安排、有落实。重庆市下发《关于进一步加强和规范国有贫困林场扶贫资金项目管理的通知》（渝林计〔2016〕41号），明确国有贫困林场扶持对象和范围，建立健全林场扶贫资金项目管理责任制、验收制、备查制、追究制。甘肃省健全完善扶贫项目基础设施台账制，制作项目资金计划表、采购物资发放单等表单材料，坚持扶贫项目公示、招标、报账及审计制度。

（4）坚持统筹兼顾，合力推进脱贫。各省在全面掌握全省贫困国有林场情况基础上，多渠道、多层次、多形式筹集资金，各级财政投入与林场自筹相结合，充分调动各方面积极性，统筹安排资金，做到点面结合、重点突出。

2016 年有 10 个省级财政配套安排了国有林场扶贫资金，分别是黑龙江省 1986 万元、安徽省 1240 万元、山西省 1500 万元、山东省 1100 万元、江苏省 867 万元、四川省 812 万元、河南省 378 万元、贵州省 300 万元、海南省 220 万元、广西壮族自治区 100 万元。

二、扶持林业特色产业发展

（一）推动特色产业

各地从实际出发，依托林业资源优势，因地制宜，积极发展种植、养殖、森林旅游等林业特色产业。2016 年，全国国有林场依托扶贫项目和资源优势，营造经济林 440.60 公顷、培育珍稀树种 72 公顷、造林及低产林改造 2474.70 公顷、新建和改造苗圃 301.90 公顷、发展林下种植业 1576.90 公顷、建设速丰林基地 5757.90 公顷。

福建省 2017 年安排生产经营性项目 15 个，补助资金 1111 万元，主要用于速丰林改造培育 1427.50 公顷，新造速丰林基地 236 公顷。通过加强培育森林资源，增强贫困林场造血功能，增加经济收入。

甘肃省扶持建设苗圃 45.90 公顷，栽植经济林 30 公顷，修建森林旅游景观景点 8 处，发展林下种植 7.20 公顷；扶持举办营林造林技术培训班 3 期，培训人员 243 人次，提高了国有林场职工的技术水平。

安徽省根据精准扶贫总要求，年度扶贫资金重点向增强国有贫困林场发展潜力的项目倾斜，如绿化大苗培育、竹林改造培育及林下种植等，取得良好成效。

（二）带动劳动就业

通过发展特色产业，创造大量就业岗位，解决了部分林场职工及家属就业问题，提高了职工家庭收入。例如，河南省王莽寨林场 2016 年全年共接待入园游客突破 17 万人次，门票收入达 267.90 万元，创综合效益 1480.56 万元，带动周边乡镇就业人数1500余人次，新增农家宾馆1家，准星级宾馆2家。仅围绕旅游一项，周边群众人均年增收3000余元，森林旅游带动作用日益明显。

三、各地扶贫动态

四川省国有林场扶贫工作取得新突破，2016年累计安排扶贫资金3191.80万元，对28个国有林场的危房改造、道路建设、林下经济发展等给予支持。从资金构成上看，省市县配套达2400万元，林场自筹195万元，扶贫力度明显加大。同时，聘请1000余名农村贫困人口作为生态护林员，参与管护国有林场森林资源，有力地帮助当地贫困人口脱贫致富。国有林场危旧房改造项目继续深入实施，完成新建及维修改造1259户（含续建项目）。

青海省督促各地完成国有贫困林场扶贫资金项目，投资1387万元资金，对湟中县南朔山林场等13个国有林场新建办公用房及宿舍4975平方米；新建林场围墙1450米；整修地坪1670平方米；新建林区道路2公里；并解决办公、供水和供暖配套设施。

宁夏回族自治区争取国有贫困林场扶贫资金1897万元，重点用于管护用房、供水供电设施、林区道路及生产设施等建设，全区19个国有林场得到扶持。新打机井4眼，新建水窖1眼，建设泵房60平方米，修建水渠7038米，建设生产生活用房1285.36平方米，新建管护用房1430.20平方米，新建日光温棚7栋1400平方米，安装变压器2台、生活锅炉2台。

江西省实施国有贫困林场扶贫项目47个，下达补助资金2632万元；开工改造国有林场危旧房3567户（套），开工率100%，基本建成3330户，占目标任务的133.2%；修建断头路、改扩建林区公路和林区道路22公里。

河北省争取国有贫困林场扶贫资金1655万元，经过申报、评审等程序，安排扶持贫困林场29个，落实危房改造项目16个，危房改造面积5446.70平方米；修断头路项目12个，修路32.55公里；育苗及果园建设项目3个，面积10公顷；打饮水井3眼。

第六章　林场能力建设

2016—2017 年是全面推进国有林场改革省级方案编制、审批与贯彻落实阶段，各级国有林场管理部门和组织机构通过培训交流、信息化建设、组织系列活动，进一步提高了国有林场的能力水平，调动了国有林场职工的积极性，为国有林场改革发展注入了新的活力和动力。

一、培训交流

（一）国有林场场长培训班

2016 年 4 月 6—13 日，国家林业局国有林场和林木种苗工作总站、管理干部学院和中国农林水利工会联合举办第二十期国有林场场长培训班，52 名国有林场（管理局）主要领导参加培训。

培训班为促进依法治林水平提升，开设国有林场适用法律及典型案例分析专题讲座；为通过培训使改革精神直达一线，开设发扬攻坚精神打好打赢国有林场改革攻坚战专题讲座；为通过国家政策的权威解读促进改革任务落实，开设“十三五”规划与林业发展政策、国有林场改革与林业财政政策、《关于国有林场岗位设置管理的指导意见》解读专题讲座；为落实党的群团工作新精神，团结职工形成改革合力，开设加强和改进党的群团工作促进国有林场改革专题讲座；为更新知识、夯实理论基础，提升学员领导能力，开设在新发展理念引领下推进国家治理现代化专题讲座。国家发展和改革委员会、财政部、人力资源和社会保障部、国家林业局、国家行政学院、中国农林水利气象工会有关工作负责人和专家为学员授课。

培训班注重国有林场改革成功经验推广，组织学员赴山东省淄博市原山林场开展现场教学，听取全国人大代表、原山林场党委书记孙建博所作的改革创新事迹报告，并与原山林场领导班子开展交流座谈。河北省隆化县国有林场管理局、山西省黑茶山国有林管理局、广东省东莞市清溪林场、甘肃省庆阳市正宁林业总场、山东省泰安市肥城市国有牛山林场在培训班上就林场改革转型发展、机构定性定位、政事企分开、职工权益保障、队伍年轻化、购买式造林及资产化管护等方面作先进经验介绍。

（二）新疆国有林场改革工作培训班

2016 年 10 月 21—26 日，新疆维吾尔自治区国有林场改革工作领导小组办公室联合国家林业局管理干部学院在北京举办新疆国有林场改革工作培训班。

培训班邀请中央机构编制委员会办公室、财政部、人力资源和社会保障部、国家林业局等单位职能处室负责同志，山西省、山东省国有林场站（局）负责人，自治区国有林场改革领导小组办公室有关人员分别围绕全国国有林场改革形势分析及政策要求、国有林场改革需把握的重点问题、涉及国有林场改革的养老保险政策简介、国有林场改革政策解读、改革操作流程、科学编制国有林场改革实施方案等方面的内容作了讲解，进行了现场交流和答疑解惑。培训班还实地考察了山东省淄博市原山林场，参观了如月湖湿地公园、森林公园、艰苦奋斗纪念馆，听取了山东省林业厅国有林场改革情况介绍、原山林场产业发展情况等。

国家林业局国有林场和林木种苗工作总站负责人为培训班作了题为《坚定信心，攻坚克难，打赢国有林场改革攻坚战》的专题讲座，对国有林场改革工作提出了十项要求：一是必须明确国有林场的定性，做到把国有林场公益性质明确到位；二是必须保证国有林场的事业编制，做到国有林场事业编制落实到位；三是必须保证国有林场人员和机构经费纳入财政预算，做到地方财政保障到位；四是必须将国有林场基础设施建设纳入当地政府年度建设计划，安排建设资金，做到国有林场基础设施建设资金安排到位；五是必须确保森林资源不破坏、国有资产不流失；六是必须把国有林场办社会的职能剥离出去，做到政事分开；七是必须把国有林场职工按规定纳入城镇职工社保，做到应保尽保；八是必须加强各级国有林场管理机构的建设，做到国有林场有人抓、有人管；九是必须认真组织编制好各级国有林场改革实施方案；

十是必须把责任明确到各级党委、政府，做到主体责任落实到位。

自治区林业厅负责人在开班仪式上指出，要充分认识国有林场改革培训重要意义。一要站在保障国家生态安全的高度，充分认识深化国有林场改革的重要性；二要从解决现实问题的角度，充分认识深化国有林场改革的必要性；三要围绕全面深化改革的总要求，紧紧抓住国有林场改革难得的历史性机遇。

国有林场改革必须把握几个重要问题。一要落实地方责任。各地州市、县区市政府要按照国有林场隶属关系对所属国有林场改革负直接责任，谁的林场谁负责，承担主体责任。在编制预算、政策等重点难点问题上，承担主体责任，做到林场公益性质明确到位，事业编制落实到位，财政预算保障到位，基础设施建设资金安排到位。要抓紧制定所属国有林场改革具体实施方案，明确改革时间表和路线图，细化工作措施，落实改革举措和林场资源保护责任。二要因地制宜、分类指导。各地应探索符合本地区实际的国有林场改革模式，要突出林场各自的特色和特点。三要强化部门协调。国有林场改革工作 11 月底要报方案，时间比较紧，相关部门要密切配合，加强协作。四要加强督导检查。自治区督查部门要对各地州市改革情况进行督查，各地州市也要建立督查机制，指导督促国有林场改革。

各地州市林业局主要领导及主管国有林场改革工作科室（站）负责人，直属国有林场场长；县（市、区）林业局主要领导，所属国有林场场长；天西、阿山和天东国有林管理局分管领导，主管国有林场改革工作处室负责人及所属国有林场场长；自治区国有林场改革领导小组成员单位领导；自治区林业厅相关处室负责人共 174 人参加培训。

（三）山东省举办国有林场改革专题培训班

2016 年 9 月 10—11 日，山东省林业厅在原山艰苦创业教育基地举办全省国有林场改革专题培训班，省国有林场管理站、淄博市林业局负责同志，各市林业局分管局长、各市及重点县（市、区）国有林场主管部门负责人、国有林场代表 260 余人参加了培训。梳理分析前期国有林场改革进展情况，加快推进国有林场改革与发展，确保 2017 年年底前圆满完成全省国有林场改革任务。

山东省林业厅负责人指出，推进国有林场改革是党中央、国务院和省委、省政府的重大决策部署，是维护生态安全、守住可持续发展根基的重要举措，是改善林场民生、保障社会公平的必然要求。要准确把握当前国有林场改革进展情况，加强领导，落实责任；广泛宣传，营造氛围；统筹协调，编制方案，着力解决国有林场定性、定编和富余劳动力安置等问题。

各地要抓紧制定国有林场改革时间表、路线图，明确改革任务，加快改革实施方案的编制和报批速度，全面落实各项政策措施，严把改革质量关，加强督导检查，加快国有林场改革的进程，确保在2017年底全面完成国有林场改革。

与会代表就各自林场的基本情况、改革中面临的问题和下一步打算进行了分组讨论，省国有林场管理站站长就国有林场改革工作中存在的问题进行了答疑。解读了《山东省县级国有林场改革实施方案编写参考提纲》。莱芜市、德州市、聊城市、菏泽市、章丘市、昌乐县、泗水县、冠县、东明县分别作典型发言。

（四）吉林省国有林场改革培训班

2016年8月8日，吉林省林业厅在长春举办了吉林省国有林场改革培训班。培训中要求大家充分认识国有林场改革培训的重要意义，这次改革是吉林省国有林场建场60多年来的第一次全面的、彻底的改革。改革的核心思想是紧紧围绕保护生态、保障民生两大目标，站在生态文明的战略高度重新构建国有林场的管理体制、运行机制和保障体系。本次改革将彻底改变国有林场的原有定位与发展方向，重新构建国有林场管理体制和经营机制，并将从功能定位、经营理念、发展方式、法治保障、政策支持等多方面带来一系列重大而深刻变化。学习贯彻好国有林场改革的方针政策和决策部署，是做好国有林场改革工作的前提，力争通过本次培训，提高认识，掌握理论，丰富经验，做好全面推进国有林场改革思想准备。

培训强调，要全面把握国有林场改革培训主要任务。一是认清当前的改革形势。改革总体要求是什么，进度如何，全省国有林场现状如何；改革关键节点是哪些，复杂性、艰巨性在哪里；林场“两危”困境到了什么程度，职工心态如何，对改革期盼是什么，有哪些问题会影响改革稳定等。这些都要了然于胸，心中有数，才能对改革有个全面认识，有个整体把握，顺利推进改革。二是进一步明确改革的主要任务。吉林省国有林场改革任务可以概括为“一个定性、两个分开、三个创新、四个确保”。“一个定性”是：将国有林场定性为公益性事业单位，科学核定事业编制；“两个分开”是：政事分开，分离林场办社会职能；事企分开，分离林场办企业；“三个创新”是：创新林场内部管理体制，创新森林资源管护机制，创新森林资源监管机制；“四个确保”是：确保森林资源不破坏，国有资产不流失；确保职工生活得到有效保障，生活水平和质量有提高；确保国有林场生产生活条件得到改善，设施建设全面提升；确保扶持政策落实到位，林区和谐稳定。这些改革任务是当前改革的主要任务，是硬任务。三是掌握改革的各项政策。国有林场发展历史长，债务包袱重，类型复杂，林场职工人数众多，身份多样，统筹解决这些问题，以便更好地指导和领导改革，顺利推进改革。四是熟悉改革的操作流程。按流程操作是稳妥有序推进改革的保证。第一要对整个流程有个总体把握，为什么这么设置，要弄清楚每道流程的主要任务和工作标准；第二要严格按流程规定的步骤逐个环节操作实施，不能缺，不能漏，不能跨越；第三要确保工作质量，坚持速度服从质量，无论哪个环节达不到要求，都不能盲目过关，要坚决杜绝出现反复和重来现象。五要理清改革后监管机制。通过改革重新理顺隶属关系，健全管理制度，构建监管体系，创新国有林场体制机制。六是提升应对新情况新问题，尤其是突发事件的能力。通过培训学习，要掌握政策，熟悉情况，遇到问题能够积极应对，及时解决；要对各种可能出现的问题有准备，有预案，矛盾如何调解、纠纷如何处置都要提前做出安排，防患于未然；要建立突发事件处置机制，做到反应迅速，应对及时，处置妥当，确保改革顺利推进，林区和谐稳定。

培训要求，务必取得国有林场改革培训实效。一要突出学习重点。把工作精力凝聚到研究政策上来，把工作重点转移到推进改革上来。二要解决实际问题。要从实际出发，着眼如何促进本地林业改革发展、如何有效解决本地国有林场实际问题、如何将中央和省里政策在本地具体化，精研细读国家和省里层面的政策规定，为编制本地国有林场改革具体方案出谋划策。三要交流改革经验。县市区政府承担国有林场改革主体责任，“一把手”要亲自抓，分管领导要具体抓，各级林业部门要承担制订改革方案、组织实施改革等具体任务，勇于担当，勇于实践，坚定不移地贯彻落实中央和省政府的决策部署。抓紧实施好国有林场改革的各项工作，打好国有林场改革攻坚战，确保国有林场改革任务圆满完成。

2016 年 8 月 17—18 日，吉林省在长春市举办了国有林场改革试点县培训班。有国有林场改革试点任务的市县林业部门分管局长、业务科室同志和林场场长共 200 多人参加了培训。这次培训班的主要任务是，认真学习《国有林场改革方案》和省委23号文件精神，贯彻落实国务院和省政府动员会议部署，指导各地掌握改革政策，熟悉改革流程，顺利推进全省国有林场改革各项工作，确保按时完成改革任务。

（五）海南省国有林场改革培训班

2016年8月，为深入贯彻落实《中共海南省委、海南省人民政府关于印发海南省国有林场改革实施方案的通知》和全省国有林场改革电视电话会议精神，加快推进全省国有林场改革工作，海南省林业厅在海口举办了全省国有林场改革培训班，国家林业局国有林场和林木种苗工作总站站长杨超出席培训班并作培训辅导报告。各市县林业主管部门、各林场主要负责人、分管负责人和改革部门负责人，以及厅林场改革督导组各责任处室负责人共180余人参加了培训。会议由海南省林业厅国有林场改革工作领导小组副组长、总工程师周亚东主持。

国家林业局国有林场和林木种苗工作总站负责人在培训辅导报告中指出，国有林场改革是党中央、国务院高度重视的一项重大国家改革战略，各级林业部门、林场都要从战略和全局的高度出发，坚决打赢国有林场改革攻坚战，彻底为林场今后可持续发展奠定体制和机制的基础保障，走出一条林场“山绿、场活、人富、林强”的可持续发展之路。

培训班上，省国有林场改革领导小组办公室相关人员重点对中央和省国有林场改革政策、国有林场改革调查摸底技术、国有林场改革操作流程、改革实施方案制定流程及编写等方面进行了详细的讲解。课程结束后，还就改革工作中可能遇到的问题进行了现场交流和答疑解惑。

全省各级林业部门要认真学习贯彻中央、国务院和省委、省政府的决策部署，强化组织协调、抓紧编制方案、坚持规范操作、确保社会稳定，并进一步明确改革工作任务的时间节点和目标，确保改革按照省委、省政府明确的进度要求稳步推进。

（六）江苏省国有林场改革培训班

2016年4月，为深入学习贯彻《省政府关于推进国有林场改革的实施意见》和江苏省春季农业生产暨推进国有林场改革工作会议精神，江苏省林业局在南京举办了国有林场改革工作培训班。各有关省辖市林业局分管局长及国有林场管理职能机构负责人、各有关县（市、区）林业主管部门负责人、国有林场场长以及省林业局处级干部共200余人参加了培训。

江苏省林业局负责人指出，党中央、国务院出台的《国有林场改革方案》既体现顶层设计的国家意志，又是国家全面深化改革大局中一个重要举措，是“经济强、百姓富、环境美、社会文明程度高”的新江苏建设需要着力拉长和补齐的“短板”，也是广大林场干部职工的渴求。当前，全省国有林场改革的“天时、地利、人和”齐聚，全省各级林业部门要从战略和全局的高度出发，顺势而为，切实组织好改革，各地林场要抢抓机遇，积极推进改革，努力走出一条资源增长、生态良好、职工增收、林区和谐稳定的可持续发展之路。

各地在推进国有林场改革过程中，要把握重点，突出抓好国有林场改革的关键任务。一是健全监管保护机制。各级林业部门要在本地政府的领导下，承担好对所辖国有林场界址范围重新勘定和公示的具体组织工作，国有林场要及时向有关部门申领新的不动产权利证书，保持国有林场林地范围和用途的长期稳定。严禁违法违规将林地转为非林地，已经违规转为耕地、建设用地等非林地的，必须依法依规限期整改。二是科学界定林场属性。要坚持国有林场改革的公益性取向，将国有林场主要功能明确定位于保护培育森林资源、维护国土生态安全和提供生态公益服务，并按功能定位，明确森林资源保护的组织方式，合理界定国有林场属性。三是创新林场管理体制。各级林业部门要加快职能转变，加强发展战略、规划、政策、标准等制定实施，减少对国有林场的微观管理和直接管理。对面积小、分布零散的国有林场，要按照分类经营、分类管理、适度规模的原则进行重组整合，减少数量，并综合考虑区位、规模和生态建设需要等因素，合理优化国有林场管理层级。不得将国有林场下放到乡镇管理，已下放的应收回由县级政府或县级林业主管部门管理。要建立健全国有林场法人治理结构，依法进行法人登记。分离各类国有林场的办社会职能，将林场所办学校、医疗机构及代管村组按照属地管理原则，移交当地人民政府管理，现有人员、资产等成建制就近转移。乡镇和林场合一体制的国有林场，实行乡镇与林场分离。四是切实改善林场民生问题。在保持国有林场管理人员和技术骨干相对稳定的前提下，按照“以人为本、确保稳定”的原则，妥善安置国有林场富余职工，不采取强制性买断方式，不搞一次性下岗分流，确保职工基本生活有保障。将国有林场及其职工按规定全部纳入相应的社会保险范围，切实解决国有林场职工社会保障问题，做到应保尽保。五是重视林场森林经营工作。各地要更加重视林场森林经营工作，切实将国有林场中心工作转移到森林资源保护培育上来，整合资金和政策支持林场森林经营工作开展，提升育苗、造林、抚育、防火等林业发展全过程的质量和效率。要实施以提高森林资源质量和严格控制采伐量为核心的国有林场森林资源经营管理制度，把编制森林经营方案作为国有林场森林经营工作的核心和重要抓手，结合林场自身实际，科学编制和修订森林经营方案，并将其作为指导和规范林场生产经营活动的主要依据。2017 年年底前全面完成国有林场森林经营方案编制。

各级林业主管部门和各地国有林场要认真贯彻中央、国务院和省委、省政府的决策部署，强化组织协调、抓紧编制方案、坚持规范操作、加强督导检查、确保社会稳定，坚决打赢国有林场改革攻坚战，努力为推进全省林业改革发展、建设“强富美高”新江苏做出更大贡献。

培训班上，国家林业局国有林场和林木种苗工作总站、省发展和改革委员会、省人力资源和社会保障厅等单位职能处室负责同志及省林业局国有林场改革工作领导小组办公室负责人分别围绕全国国有林场改革形势分析及政策要求、国有林场改革需把握的重点问题、涉及国有林场改革的养老保险政策简介、国有林场改革政策解读和科学编制国有林场改革实施方案等方面的内容作了讲解。

（七）林业局局长培训班

国家林业局国有林场和林木种苗工作总站联合国家林业局管理干部学院，举办了 2 期国有林场改革林业局局长培训班。培训班主要围绕深入贯彻落实《国有林场改革方案》精神推进国有林场改革，国有林场适用法规及国有林场改革典型案例分析，林业“十三五”主要任务和现代化林场建设，国有林场岗位设置与管理，国有林场改革验收管理等内容进行了培训。

2016 年 8 月 28 日至 9 月 5 日，为进一步推进国有林场改革，提升队伍能力和水平，国家林业局国有林场和林木种苗工作总站委托管理干部学院举办国有林场改革林业局局长培训班，97 名有关省（自治区、直辖市）国有林场改革任务繁重地、县林业局负责人参加了培训。

此次改革进行时的基层林业局局长培训，注重政策贯彻和实践总结。国家林业局有关司局和单位作《全面贯彻落实〈国有林场改革方案〉精神，扎实推进国有林场改革》《生态建设与林业“十三五”主要任务》、《国有林场适用法律及典型案例分析》专题讲座，深入解读法律法规、改革政策和林业建设任务，解答典型问题。国家发展和改革委员会、财政部、人力资源和社会保障部有关工作负责人作《经济体制改革形势与任务》《国有林场改革与林业财政政策》《事业单位人事制度改革与管理》专题讲座，站在国家改革发展全局高度，详解国有林场改革相关政策精神和任务要求。北京林业大学国有林场法律与政策研究所讲授《国外国有林管理与经验借鉴》专题课程，博采众长，启发改革思路。山西省林业厅、浙江省林业厅及金华市就国有林场改革、现代林场建设作专题报告和案例分析。河北、吉林、重庆、青海学员代表作经验介绍。培训班还赴山海关林场开展了现场教学。

通过培训，学员加深了对改革顶层设计的理解，了解了全国改革进展及成效，交流了各地改革经验，进一步明确了当前改革任务和需要重点解决的问题，对推进改革任务，实现国有林场“山绿、场活、人富、林强”发展目标起到积极促进作用。

（八）内蒙古自治区旗县县长和林业局局长培训班

2016 年 5 月 30 日至 6 月 3 日，内蒙古自治区在江西省宜春市举办了“全区国有林场改革培训班”，全区国有林场改革重点旗县政府分管旗县长，各盟市、旗县林业局长及改革工作负责人共 110 余人参加了培训。培训班上，国家林业局、江西省林业厅和宜春市等地的国有林场改革负责人对国有林场改革政策及当地的改革经验做法进行了交流介绍，学员们学习了国有林场改革实施方案编制的具体要求，借鉴改革试点省区的先进经验和做法。

二、全国国有林场职业技能竞赛

全国国有林场职业技能竞赛是激发改革活力，提升森林质量，提高管理绩效的品牌活动。

2016 年 7 月 10 日—12 日，以“展示技能风采，激发改革动力”为主题的 2016 年中国技能大赛—全国国有林场职业技能竞赛在甘肃省小陇山林业实验局百花林场成功举办。大赛由国家林业局、中国就业培训技术指导中心和中国农林水利气象工会主办，27 省（自治区、直辖市）及四大森林工业集团、中国林业科学研究院的 32 个代表队参加了比赛。甘肃省小陇山林业实验局滩歌林场的周小强等 30 名选手分获一、二、三等奖及个人优秀奖，甘肃省等 10 个代表队分获团体一、二、三等奖，北京市林业局等 12 个代表队获得优秀组织奖，上海市等12个代表队获得精神风尚奖。

2016年6月，甘肃省在小陇山林业实验局举办了“2016中国技能大赛—甘肃省‘营林试验员’省级一类决赛”，1名参赛选手获“甘肃省五一劳动奖章”、3名参赛选手获“甘肃省技术能手”称号、17名参赛选手获“甘肃省技术标兵”称号。

三、“五台山杯”演讲大赛

2016年7月20—22日，以“展改革风采，促绿色发展”为主题的“五台山杯”国有林场思想政治工作演讲大赛在山西省五台山国有林管理局举办。大赛由国家林业局和中国农林水利气象工会联合主办，23个省（自治区、直辖市）及中国林业科学研究院的24个代表队、47名选手参加比赛，内蒙古自治区呼伦贝尔市免渡河林业局的毕延昭毕延昭获特等奖；山西省选手韩欣洋、李娜，黑龙江省选手许永梅获一等奖；河南省李文利等选手分获二等奖、三等奖和优秀奖。北京市等13个代表队获得精神风尚奖，山西省等11个代表队获得优秀组织奖。五台山国有林管理局为这次大赛的成功举办做了充分的准备，受到了参赛代表队的一致肯定和高度赞扬，被大赛组委会授予“特殊贡献奖”。

第七章 宣传与文化建设

自《国有林场改革方案》印发以来，人民日报、新闻联播、焦点访谈等主流媒体大力宣传国有林场改革，在电视、报纸、网站等各类媒介对国有林场改革及发展进行了广泛传播，多家报纸、网站、期刊均对国有林场改革进行了头版、专刊报道，引起了全社会的广泛关注和热烈反响。同时，通过开展“国有林场十大最美内刊甄选”、发掘推广国有林场干部职工先进事迹和典型案例、挖掘一线职工随笔文化等活动，极大地促进了国有林场的文化建设水平，增强了国有林场改革宣传力度和社会影响力。

一、宣传与报道

（一）全国十佳林场评选

“全国十佳林场”评选活动由中国林场协会举办，旨在表彰森林经营和资源保护业绩突出、在全国国有林场改革中走在前面的先进林场，树立优秀国有林场的典范。2016 年，北京市上方山林场等全国 27 家国有林场获 2016 年度“全国十佳林场”称号。

荣获 2016 年度“全国十佳林场”的单位是（按行政区划排列）：北京市上方山林场、河北省平泉县黄土梁子林场、山西省太岳山国有林管理局介庙林场、内蒙古自治区赤峰市喀喇沁旗旺业甸实验林场、辽宁省大连市金州林场、吉林省长春市净月潭实验林场、黑龙江省庆安国有林场管理局曙光林场、江苏省句容市林场、浙江省庆元县庆元林场、安徽省岳西县国有林业总场、福建省将乐国有林场、江西省永丰县李山林场、山东省烟台市昆嵛山林场、河南省三门峡市陕州区国营窑店林场、湖北省国有北风垭林场、湖南省青羊湖国有林场、广东省沙头角林场、广西壮族自治区桂平市国营金田林场、四川省邛崃市国营林场、重庆市江津区四面山森林资源管理局、贵州省龙里林场、云南省石屏县龙朋林场、陕西省延安市宝塔区南泥湾林场、甘肃省小陇山林业实验局东岔林场、青海省门源回族自治县国营仙米林场、宁夏回族自治区固原市六盘山林业局挂马沟林场、新疆维吾尔自治区天山西部国有林管理局尼勒克分局。

（二）媒体记者宣传交流会

召开了国有林场改革新闻通气会，向人民日报、新华社等30余家知名媒体通报了国有林场改革的进展情况。同时，召开“百名记者进林场”活动优秀作品评选表彰会，组织有关专家评选“百家媒体、百名记者进林场”活动优秀作品，编印《绿水青山、生态脊梁——“百家媒体、百名记者进林场”报道文集》。

（三）举办中法国有林管理国际研讨会

山西举办了中法国有林管理国际研讨会，我国和法国双方20余位专家学者参加了会议，研讨会重点就林场改革发展、森林经营管理展开深入讨论，中法双方还就森林经营管理、核桃种植等项目达成框架合作意向。

二、推进国有林场文化建设

（一）寻找林场深处的守护者

1. 守住安全，放飞梦想

广西高峰林场司机队伍中，有个叫黎诚的师傅，大家都叫他“阿滴”。“阿滴”在当地方言中指的是年纪小。然而，这位黎师傅却是一名老司机！他拥有30余年的驾龄，平均每年驾驶汽车8万多公里，安全驾驶累计300万多公里。

儿时梦想，悄然生根发芽

1981年，18岁的黎诚接过父辈手中的接力棒，成为了林场的一名林业工人。如今，英俊潇洒的小伙子已变成了头发略带花白的中年男子。

回想当年是如何走上司机的道路，黎师傅总是一脸骄傲地说："当年在林场学驾驶可不是件容易的事哦！要通过分场推荐，由林场层层选拔，才能得到学车名额，我很幸运在那时候得到了这样的一个机会。"

黎师傅告诉笔者，小时候他有两个梦想，一个是去部队当军人，一个是当司机。在他的心目中司机和军人可是一样的威武。他记得最清楚的是小时候坐手扶拖拉机威风凛凛的感觉，能坐在司机旁边那简直是可以向小伙伴炫耀的资本呐！然而大多数情况下，他只能坐在车后的拖斗上。

黎师傅说，那时候只要一上车，他从来关心的都不是路上的风景，而是透过驾驶室后面的小窗口紧紧盯住驾驶员如何操作车辆这个庞然大物。也许就在那时候，黎诚的司机梦想就悄悄生根发芽了。

滚滚车轮，见证林场变迁

30 多年来，黎诚师傅的交通工具一直在换，滚滚车轮也见证了林场生活水平一步步提高，经济实力一点点壮大。

黎师傅在林场开的第一辆车是手扶拖拉机。那是林场配备给分场的工作用车。当时，由于分场地处边远，交通不便，分场每三天就安排一次赶圩，黎师傅用手扶拖拉机拉着职工采购生活用品。到总场收文件、领工资也是通过这一部小小的车实现的。每当，轰隆隆的发动机声由远及近地传到分场，必定引起一阵"骚动"，职工们纷纷簇拥在手扶拖拉机旁，手上提着刚采购的物品，脸上露出幸福的笑容。

那时在分场职工的眼中，手扶拖拉机不仅仅是简简单单交通工具，更承载着分场职工对美好生活的憧憬。看到职工乐开花的脸，黎师傅有种说不出的自豪感，道路的颠簸、滚滚的灰尘，这些苦对他而言已经不算什么了。

随着林场生活水平的提高，林区道路也越来越宽敞、越来越平坦。黎师傅开了几年手扶拖拉机之后，分场换上了双排座小货车，手扶变成方向盘，操作更加便捷，开放式的驾驶室变成封闭式，更加宽敞舒适，重要的是货物承载量也变大了。黎师傅手里摸着方向盘，心里说不出的高兴。从那以后，分场赶圩的职工越来越多了，购买的物品也渐渐丰富起来了，冰箱、电视机等电器也随着开动的小货车送进了分场职工家中。

20 世纪末，林场积极实施走出去战略，以"场外再造高峰"为目标，大规模对外租地造林，先后成立了钦廉、陆川等造林基地，林地经营面积从自有林地的 50 多万亩增加到了 140 多万亩，林场成为了广西规模最大的国有林场，营林生产任务也越来越重。1996 年，黎师傅因工作需要，从爱沙分场调到了营林管理办公室，跟着技术员跑分场、跑基地，交通工具也由原来的小货车变成了性能更稳定、功能更强大的越野车，驾驶范围也由原来的分场总场往来，逐步扩展到南宁市6县6城区直至辐射到全区12个市、56个县（市、区），出差便成了家常便饭。也是从那时候，因为常年在外，很少分担家庭重任，陪伴女儿的时间也是少之又少，说起这个，黎师傅时常觉得惭愧。

车行万里，责任在肩上

黎师傅安全驾驶30余年，300多万公里无事故行驶记录，靠的是时刻紧绷的安全驾驶之弦。乘坐过黎师傅车的人评价他的车技如他的性格一样温和，稳当，坐着心里踏实！黎师傅说，“开车最主要的是平平安安出去，安安全全回来。”对于林场司机更是如此，林区道路大多崎岖蜿蜒，道路状况复杂，更加考验司机的驾驶能力。

每次出车前，尤其是出远门前，黎师傅必定仔细检查车况。黎师傅说，“车况的好坏直接影响到安全行驶问题，一点也不能马虎，就算是平时也要勤于保养车辆，行驶在道路上，车辆就是与你肩并肩的‘战友’，只有经常给你的‘战友’保养，才能保持最佳的战斗状态。”

30余年的驾驶经历，养成了良好的开车习惯，在黎师傅的心目中“稳”比“快”更重要，尤其是调到林场办公室当司机以后，他服务的人越来越多，安全行驶的责任更加重大了，所以他从不斗车，也不疲劳开车。有时候在路上实在疲惫了，他宁可停下车来休息一段时间再上路，因为他深知肩上的安全重任重于泰山。

由于长时间连续驾驶，饮食没有规律、睡眠得不到保证，黎师傅也落下了肩周炎、腰椎疼痛、胃病等病痛。说起这些时，黎师傅只是淡淡地说了一句“习惯了，哪个司机师傅都有这样的问题”。由于工作期间与车共渡时间长，黎师傅长时间处于“高速运转”状态，他格外享受业余的、悠闲的钓鱼时光。这快慢节奏的自由切换，动静结合的生活方式，让他保持了良好工作状态。

黎师傅只是林场司机队伍的一个缩影，不辞辛劳、长途跋涉、风雨兼程是他们常年的工作状态，平凡是他们工作的底色。他们有着娴熟的驾驶技术、丰富的道路经验、严谨的工作作风，面对着单调的高速公路、喧闹的繁华都市、呼啸而过的风景，没有丝毫的懈怠，承担起安全行驶使命，认真完成每一次的出车任务，值得受到每一位职工的尊重和尊敬。

2. 黄冕林场，我为你骄傲，我为你自豪

翻开林场的版图，在美丽的广西桂北山区，镶嵌着一颗璀璨的明珠，绿色是她的旋律，生态是她的基调，靓丽是她的容颜。那里空气清新，群山耸峙，溪河纵横，绿意盎然。她就是“国家林业重点龙头企业，自治区现代林业龙头企业、广西森林经营示范林场”——广西国有黄冕林场。沐浴党的阳光雨露和改革开放的春风，跟随伟大祖国母亲的脚步，她已经走过了整整六十个春秋。六十年风雨兼程，六十年艰苦奋斗，六十年励精图治，六十年春华秋实。当初的“小家碧玉”已成长为如今的“大家闺秀”。走在50万亩广袤的山林间，我们能清晰地感受到青山绿水迸发的无穷活力，能深切地体会到一代代林场人用他们不屈不挠的创业精神，在大山里、在丛林间、在秀水上，谱写出了一曲曲“后发赶超、绿色崛起”的动人乐章。

一部风雨同舟的创业史

“没有住处搭草棚，没有电灯点油灯，逢山开路靠双手，遇水架桥风雨走”，老一辈林场工人说起那段艰辛的岁月，脸上仍洋溢着动人的自豪。黄冕林场始建于1957年，场部设在波寨乡，艰苦恶劣的自然条件没有挡住他们的雄心壮志，他们凭着一颗颗赤诚的心，一双双勤劳的手，全心全意扑在林业事业上，团结带领干部职工干事创业。原本一切顺顺利利，等待着收获的季节，然而，天不遂人愿，2008年一场突如其来的雪灾粉碎了他们美好的梦。场领导深入一线抢险救灾、实地勘察，决定通过银行贷款投资2亿元进行灾后重建。在灾害面前，大家没有被打倒，而是更加斗志昂扬。历时3年，黄冕林场完成灾后重建造林10万多亩，完成灾后萌芽更新5万多亩，让昔日白雪皑皑的山披上了绿装，赢得了“黄林人不怕雪灾压”的美誉，为日后持续发展打下了坚实的基础。回看那段艰辛岁月，他们“自力更生、艰苦奋斗”的精神，已然成为黄冕林场的宝贵精神财富，激励着新一代林场人不断奋发前行。

一幅绿色发展的崛起图

“前人栽树后人乘凉”，2013年，黄冕林场渐进收获期，通过抚育间伐、分类经营，大力培育大径材，林木总蓄积量达到240万立方米以上，木材生产36.58万立方米，总经营收入3.60亿元，逐渐过上了“红火日子”。林场机构不断健全，干部职工队伍稳步壮大，林区水、电、路、信等基础设施大为改观，林场一产、二产、三产等一步步走上快车道。这一年，黄冕林场从排名靠后跻身到自治区直属国有林场前5名，这是黄冕林场历史上最辉煌的

一刻，并荣获了“区直林场进步奖”，这是全体干部职工不畏艰辛、艰苦创业的成果。

一曲改革发展的奋进歌

时间的脚步跨入新改革新时代，2015 年，全国吹起了国有林场改革的号角，黄冕林场被确定为广西第一批国有林场改革试点单位，这是机遇也是挑战。2016 年，黄冕林场肩负重任，先试先行，一步一个脚印稳步向前走，全力攻克“产业结构单一、社会保障不完善，基础设施滞后、管理体制不健全”等顽疾，唱响“改革发展”进行曲：改革劳动人事、分配制度，实行干部能上能下，职工能进能出，工资能高能低，激发广大干部职工干事创业的热情；完善社会保障制度，全面落实“五险二金”全覆盖，想方设法解决未保欠缴的职工医疗保险费用，让职工应保尽保，解决林场干部职工后顾之忧；剥离林场办社会职能，撤销林场职工医院，按照属地管理原则，林场职工（含离退休人员）参加城镇医疗保险并就近到医疗点就医，妥善安置医务人员，稳定职工思想；深化产权制度改革，促进资产增值，充分吸收、借鉴外地先进经验，提出“打绿色品牌，做山水文章，创生态效益”的经济发展思路。

林场改革激活一池春水，解决了多年来制约黄冕林场发展的“瓶颈”问题，逐步建立起一个政企分开、职能配套、权责对等的“新黄冕”。林场改革成功促进了各项事业蒸蒸日上，林业、旅游、林下经济等产业强劲发力：全场森林总蓄积达到 257 万立方米，森林覆盖率 90% 以上，年产木材 20 万立方米，年经营收入近 1 亿元以上，净利润 2000 万元左右，“国家战略储备材基地、森林经营示范基地、中草药种植示范基地、警示教育基地”等纷纷落户黄冕林场。适当调整木材采伐期限，确保木材单产和林场经济效益不断提升；森林公园的建设，渐渐吸引自驾游爱好者前来休闲旅游；杨梅园、柚子园、茶园、山羊养殖、蔬菜基地建设等林下经济产业日趋成熟，林下经济产品品牌逐渐享誉区内外。林区基础设施日新月异：近年来累计投入 600 多万元完善林区基础设施，实现了分场办公场所和生活小区亮化、美化、绿化；分场通信信号基本实现全覆盖；安全饮水工程稳步推进，解决安全饮水人口 600 多人。林场危旧房改造工程也全面完成，职工实现了县城里有房住的梦想，林区和谐稳定，职工安居乐业。

一个前景光明的未来梦

从最初的白手起家到现在的繁荣发展，从最原始的破土开荒到现在的科学经营，从单一的桉树经济到现在的多种产业齐头并进。弹指一挥间，黄冕林场已经走过了60载风雨岁月，看如今的“新黄冕”，似一幅美丽的山水画卷展现在我们面前。

“林场的发展是一部艰苦创业的宏伟巨作，是一首同心同德的光荣史诗，更是一曲可歌可泣的华丽乐章！”黄冕林场场长豪情满怀，掷地有声。“我们要继续坚持‘生态立场、产业兴场、开放活场、科技强场’的战略不动摇，努力打造‘魅力黄冕、幸福黄冕’！”

打开黄冕林场的“十三五”发展规划，“新黄冕”的美好前景跃然纸上：分类经营，打造精品林区10万亩，亩产10立方米以上；标准林区25万亩，亩产8立方米以上；建设2万亩无节材示范基地；基地良种使用率达90%以上，建立乡土珍贵树种、珍贵中草药植物种质资源数据库。以“十百千万”富民增收为目标，建立一个自治区级林下经济精品示范基地，提升铁皮石斛种植基地、金线莲种植基地等八大基地的价值品位。利用丰富的山水资源，把森林公园开发成“生态保护—旅游观光—林下经济”特色林业（核心）示范区；全力推进桂林房地产开发项目，盘活第三产业。逐步把黄冕林场打造成支柱产业做大做强、第二产业稳中增盈、第三产业有序推进的良好格局。

忆往昔，激情荡漾；展未来，信心倍增。1000多名林场干部职工正以艰苦创业的斗志、昂扬进取的热情、团结拼搏的干劲，踏着“绿色引领、跨越赶超”的主旋律，齐力协力共同奔走在建设“魅力黄冕、幸福黄冕”的大道上，相信在不久的将来，一个“生态完备、事业进步、和谐稳定”的“新黄冕”一定会玉立在我们的面前！

3. 执着的守护

总想提笔为他们写点什么，可每次铺开阵仗准备大干一场的时候，却发现自己原本就匮乏的脑袋里面竟然挤不出什么好的词句来描写他们。顿时，感觉自己难道是江郎才尽，黔驴技穷，竟无计可施，提笔忘词，不会是到而立之年头脑短路，还是不思进取，懒惰消极。

推开窗户，寒冬的风近日似乎格外的温暖，在怜惜前期急剧降温给人们带来的寒冷，还是可怜我这个表情呆滞，思想迟钝的家伙，竟然暖暖的吹过脸颊，茶杯中刚刚沏泡的茶叶由蜷缩一团也慢慢展开，透出翠绿的颜色，调皮地在水中翻腾。望着远处透蓝的天空，眼睛追随着快速流动的白云，还有那成片的林子，我决定不管是否有华丽的辞藻，是否奋笔成章，我都应该为他们写点什么。

他们，是一支常年穿梭在林中的队伍，有“武器装备”，有各自守卫的“阵营”，他们平均年龄50多岁，他们没有高学历、高工资，但对工作却有着高要求、高标准，他们就是护林防火员。

河北省塞罕坝机械林场总经营面积9.33万公顷，其中有林地面积7.47万公顷，森林覆盖率80%，林木总蓄积1012万立方米，之所以54年来未发生火灾，得益于它拥有着一套完善的制度体系，一系列有力的预防举措，一个严密的监测网络，还有一支过硬的扑救队伍。其中，全场专职护林防火员就有260多名。

迎着清晨的霞光，他们整装待发，一面防火小旗、一个防火播放器、一个装着防火宣传单的挎包、一个水壶、一部电话、一辆摩托车，全部装备检查完毕，开始出发。

老于是塞罕坝北曼甸林场四道沟营林区的一名护林员，每天早上起来的第一件事情就是检查摩托车和巡护所需物品是否齐全，馒头、咸菜、粥，简单地吃过早饭，大家一招呼，各自骑上摩托车驶向自己巡护的林区。老于的骑车技术算是不错的，岁数也还算年轻，但黝黑粗糙的脸庞清晰可见纹路的皱纹，并没有和他的年龄形成应有的比例。

标准的“展旗示警”，就是手持防火小旗，将印有“防火”字样的一面展开，面向过往车辆和行人，提示进入林区注意防火安全。这是他每天要做上几百遍甚至上千遍的动作，对他而言再熟悉不过和娴熟了。

他巡护的林区有的地方连摩托车都不好用，只能徒步，一天走上个几十里*路是再平常不过的事情了，检查进入林区人员携带火种情况，查看幼林地是否有牲畜破坏。他对自己巡护地方的每一棵树木都了如指掌、如数家珍，他爱它们就像对自己的孩子一样万般呵护、百般疼爱。他常说，这片林子栽出来多么不容易啊，必须好好地保护，既然领导信任我，我必须站好岗，守好责，尽好义务。

他是这么说的更是这么做的。

护林员的工作时间是有明确规定的，防火期也就是每年的3月15日到6月15日，9月15日到大雪封山期间内是全员全天候在岗，请假有着严格的要求和规定，就算有事请假也必须找人替岗，而且必须在规定时间内销假。由于林场经营性质的特殊性，像端午节、五一、中秋节、十一这些国家法定假

* 1里=0.5千米。

日是不放假的，相反的，会更加紧张，进山旅游人数、牧农拾荒的人数都不同程度地增多，必然给护林防火工作带来压力和挑战。不管面对什么样的工作，像老于一样的他们就算没有假期，加班也没有补助的情况下，丝毫没有怨言，依旧勤勤恳恳地每天往返于营林区和巡护两地，履职尽责，兢兢业业，不求名不求利，只求问心无愧。

他们中的大多数人经历过塞罕坝那些艰苦的岁月，懂得这来之不易的百万亩林海寄托了多少人的心血和情感，承载着多少的梦想和希望，不能因一根火柴毁了万亩林海，因一人疏忽而毁于一旦。创业难守业不易，他们深知自己肩上的责任有多大，自己的担子有多重，他们这样的坚守和执着才换来塞罕坝今天的安全。

夕阳西下，营林区也已是灯火通明，远处微弱的光随着摩托车嗒嗒的声音逐渐变亮，一天的巡护伴着晚霞结束了。

饭后，开会，学习，总结。

第二天继续出发！

（二）举办特色主题文化活动

1. 举办思想政治工作主题演讲大赛

联合中国农林水利气象工会成功举办以“展改革风采，促绿色发展”为主题的2016年“五台山”杯全国国有林场职工思想政治工作主题演讲大赛。有来自23省（自治区、直辖市）及中国林业科学研究院的24个代表队、47名选手参加比赛。讲述了精彩的改革故事，极大地激发了改革正能量。

2. 举办国有林场改革典型案例征集活动

为进一步加大国有林场改革典型的挖掘和宣传力度，充分发挥其在打赢国有林场改革攻坚战中的良好引领带动作用，国家林业局下发了《国家林业局办公室关于开展“国有林场改革典型案例”征集活动的通知》，在全国范围内开展了国有林场典型案例征集活动。征集评选100个具有代表性的市（地、盟、州）、县（市、区、旗）、国有林场等层面的国有林场改革典型。

附　录

附录 1　2016 年国有林场改革发展 10 大事件

2016 年，国有林场改革进入全面实施阶段，31 个省级国有林场改革实施方案全部印发实施等一系列大事接连推出。国家林业局国有林场和林木种苗工作总站梳理评出国有林场改革年度十件大事：

（1）31 个省级国有林场改革实施方案全部印发实施

经过积极组织统筹，截至 3 月 31 日，31 个省（自治区、直辖市）国有林场改革实施方案全部通过国家国有林场改革工作小组的审批。此后，31 个省（自治区、直辖市）党委和政府相继出台了省级改革实施方案，召开了国有林场改革启动会，国有林场改革进入全面展开的新阶段。

（2）国有林场改革督察督导全覆盖

4 月 19 日—5 月 31 日，按照中央深改组的统一部署，国家林业局会同国家发展和改革委员会联合中央机构编制委员会办公室、民政部、财政部、人力资源和社会保障部、国土资源部、交通运输部、水利部、银行业监督管理委员会等 8 个部委组成了 16 个督察组，对河北等 24 省（自治区、直辖市）政府进行国有林场改革专项督察，对北京等 7 省（自治区、直辖市）采取调研督导、试点验收等方式进行督促检查，实现了国有林场改革督察督导全覆盖，营造了党中央、国务院高度重视国有林场改革，狠抓改革落实的浓厚氛围，引起了各省级政府高度重视，有效推动了改革主体责任落实和进程。

（3）赵乐际视察河北省塞罕坝机械林场

8 月 13—15 日，中共中央政治局委员、中央组织部部长赵乐际到河北省塞罕坝机械林场视察，入户看望第一代老林工、老党员，详细询问林场创业、建设、发展和职工生活情况后，对塞罕坝林场的建设成就、创业精神给予了高度评价。他指出，林场组建 50 多年来，三代林场干部职工紧紧围绕构建京津生态屏障等功能定位，植树造林、苦干实干、久久为功，把塞罕坝这片荒漠变成百万亩茫茫林海，创造了艰苦奋斗、甘于奉献的宝贵精神财富。

（4）国有林场全面停止天然林商业性采伐

按照党中央、国务院的部署，2016 年，国有林场全面停止了天然林商业性采伐，每年减少天然林采伐量556万立方米，全面推动了国有林场发展模式由木材生产为主转变为生态修复和建设为主、由利用森林获取经济利益为主转变为保护森林提供生态服务为主。

（5）浙江、湖南两省率先深化国有林场改革

浙江、湖南两省在按时完成试点任务并通过国家验收后，及时开展了以生态保护优先、产业发展充分、基础设施完备、林区富裕和谐为目标，以提高森林覆盖率和蓄积量，科学规划、智慧林场、森林生态文化、队伍建设和职工保障等为主要内容的“现代林场”和“秀美林场”建设，通过建立评价指标体系、确定建设试点、建立试点支持政策，率先深化了国有林场改革。

（6）全国国有林场职业技能竞赛成功举办

7月10—12日，以“展示技能风采，激发改革动力”为主题的2016年中国技能大赛—全国国有林场职业技能竞赛在甘肃省小陇山林业实验局百花林场成功举办。大赛由国家林业局、中国就业培训技术指导中心和中国农林水利气象工会主办，27省（自治区、直辖市）及四大森林工业集团、中国林业科学研究院的32个代表队参加了比赛。甘肃省小陇山林业实验局滩歌林场的周小强等30名选手分获一、二、三等奖及个人优秀奖，甘肃省等10个代表队分获团体一、二、三等奖，北京市林业局等12个代表队获得优秀组织奖，上海市等12个代表队获得精神风尚奖。

（7）“五台山杯”国有林场思想政治工作演讲大赛举办

7月20—22日，以“展改革风采，促绿色发展”为主题的“五台山杯”国有林场思想政治工作演讲大赛在山西省五台山国有林管理局举办。大赛由国家林业局和中国农林水利气象工会联合主办，23个省（自治区、直辖市）及中国林业科学研究院的24个代表队、47名选手参加比赛，内蒙古自治区呼伦贝尔市免渡河林业局的毕延昭等20名选手分获特、一、二、三等奖。大赛弘扬了改革发展主旋律，激发了改革创新正能量，凝聚了拼搏进取向心力，有力助推了国有林场改革攻坚。

（8）国有林场全球环境基金公益项目获批

6月，“通过森林景观规划和国有林场改革，增强中国人工林的生态系统服务功能”项目获得全球环境基金（GEF）会议审议通过。该项目申请GEF国际赠款720万美元，由世界自然保护联盟（IUCN）担任监督机构，由国家林业局统筹组织推进，项目初步选定地为河北承德、江西赣州、广西毕节，项目建设期为5年。这是国有林场领域首次申请到GEF资金。项目的实施将

有效促进国有林场森林经营水平，提高生态系统的修复能力。

（9）山西立法永久保护国有林场生态公益林

12 月 8 日，山西省十二届人大常委会第三十二次会议表决通过了《山西省永久性生态公益林保护条例》。《条例》将主要分布在河流源头、岩溶泉等重要保护区域、大中型水库周边的 5000 多万亩国有公益林划定为永久性生态公益林，明确了永久性生态公益林的政府和部门职能，划定了保护范围，制定了严格保护措施，率先探索出了对国有林场林地和林木实施的最严格的保护制度。

（10）《国有贫困林场扶贫工作成效考评办法（试行）》印发实施

6 月 28 日，根据《中共中央 国务院关于打赢脱贫攻坚战的决定》精神，国家林业局办公室印发《国有贫困林场扶贫工作成效考评办法（试行）》，从扶贫目标、资金管理、扶贫效果、扶贫效益和扶贫管理等 5 个方面，对省级林业主管部门国有林场扶贫工作进行绩效考评。考评将持续到 2020 年，每年开展一次，为确保到 2020 年实现国有贫困林场全面脱贫提供了重要保障。

附录 2　2016 年中国技能大赛—全国国有林场职业技能竞赛获奖名单

个人奖

一等奖（1 名）

周小强　　甘肃省小陇山林业实验局严坪林场

二等奖（2 名）

王永强　　甘肃省小陇山林业实验局严坪林场

陈广军　　中国内蒙古森林工业集团有限责任公司吉文林业局

三等奖（12 名）

李　宁　　黑龙江省尚志国有林场管理局小九林场

范国华　　河北省隆化国有林场管理处茅荆坝林场

张安堂　　甘肃省小陇山林业调查规划院

洪敏华　　安徽省绩溪县镇头林场

马绍林　　黑龙江省尚志国有林场管理局苇河林场

廉维维　　河北省木兰围场国有林场管理局北沟林场

王长友　　中国内蒙古森林工业集团有限责任公司金河林业局

王来军　　黑龙江省尚志国有林场管理局黑龙宫林场

胡华海　　安徽省绩溪县镇头林场

徐国常　　河北省塞罕坝机械林场总场第三乡林场

杨植棚　　福建省华安金山国有林场

殷文强　　中国吉林森林工业集团有限责任公司临江林业局

优秀奖（15 名）

任国福　　湖北省太子山林场管理局

陈军军　　山西省黑茶山国有林管理局城庄沟林场

孙二文　　山西省黑茶山国有林管理局中寨林场

孙清俊　　湖北省太子山林场管理局

王平现　　山东省崂山林场

温玉海　　中国内蒙古森林工业集团有限责任公司绰源林业局

刘委民　　吉林省蛟河市天岗林场

邓战彪　　广东省连山林场

刘红元　河南省三门峡市陕州区国营窑店林场
刘德彪　湖北省太子山林场管理局
邱建军　浙江省开化县林场
何开成　重庆市璧山区东风林场
姜启功　江苏省连云港市南云台林场
刘小强　江西省遂川县龙泉林场
王发铭　江西省遂川县龙泉林场

团体奖

一等奖（1个）

甘肃省代表队

二等奖（3个）

河北省代表队
黑龙江省代表队
安徽省代表队

三等奖（6个）

中国内蒙古森林工业集团有限责任公司代表队
江西省代表队
湖北省代表队
山西省代表队
福建省代表队
湖南省代表队

优秀组织奖（12个）

北京市园林绿化局
山西省林业厅
内蒙古自治区林业厅
辽宁省林业厅
吉林省林业厅
黑龙江省林业厅
江苏省林业厅
浙江省林业厅
海南省林业厅

中国吉林森林工业集团有限责任公司
中国龙江森林工业（集团）总公司
大兴安岭林业集团公司

精神风尚奖（12 个）

上海市代表队
山东省代表队
河南省代表队
广东省代表队
广西壮族自治区代表队
重庆市代表队
四川省代表队
贵州省代表队
陕西省代表队
宁夏回族自治区代表队
新疆维吾尔自治区代表队
中国林业科学研究院代表队

特殊贡献奖（1 个）

甘肃省小陇山林业实验局

附录3　2016年“五台山杯”国有林场思想政治工作演讲大赛获奖名单

个人奖

特等奖（1名）

毕延昭　内蒙古自治区呼伦贝尔市免渡河林业局

一等奖（3名）

韩欣洋　山西省吕梁山森林经营局屯里林场

李　娜　山西省五台山树木园

许永梅　黑龙江省尚志国有林场管理局

二等奖（6名）

李文利　河南省国有济源市大沟河林场

马　梅　新疆维吾尔自治区天山西部国有林管理局

宋莹莹　山东省淄博市原山林场

蒋登义　湖南省江华瑶族自治县江华国有林场

曹天琪　河北省木兰围场国有林场管理局

张　乾　甘肃省小陇山林业实验局

三等奖（10名）

张秋莎　黑龙江省尚志国有林场管理局

李　星　湖南省永州金洞国有林场

包　晗　广西壮族自治区南宁树木园

程李美　河北省木兰围场国有林场管理局

李　雯　湖南省怀化中坡国有林场

徐梓平　广西壮族自治区高峰林场

刘　宁　甘肃省小陇山林业实验局

闫　璇　宁夏回族自治区哈巴湖自然保护区管理局

何　可　吉林省安图森林经营局

王　杰　山东省泰安市徂徕山林场

优秀奖（27名）

丁诚卓　重庆市江津区四面山森林资源管理局

储海红　安徽省岳西县林业总场

左　卫　　新疆维吾尔自治区天山东部国有林管理局哈密分局
丁春春　　贵州省扎佐林场
王向新　　吉林省蛟河市天南林场
刘盛梦　　贵州省扎佐林场
曾　亮　　湖北省蕲春县向桥林场
代　瑞　　内蒙古自治区阿拉善左旗林业局
杜　鑫　　四川省洪雅县林场
廖业佳　　广东省国有林场服务总站
张丽媛　　北京市共青林场
董　静　　宁夏回族自治区彭阳县草庙林场
陈　薇　　广东省西江林业局
侯俊杰　　北京市八达岭林场
卢　佳　　宁夏回族自治区金沙林场
耿庆伟　　山东省莱芜市莱城区国有吉山林场
陈　娜　　云南省森林自然中心
陈瑞祥　　福建省永春碧卿林场
易宗慧　　湖北省鹤峰县木林子林场
黄建雄　　四川省攀枝花市国营林场总场
陈一漩　　贵阳市顺海林场
潘　祎　　中国林业科学研究院
符君影　　海南省上埇林场
罗　莲　　云南省昆明市海口林场
吴小娅　　四川省攀枝花市国营林场总场
陈明月　　福建省龙海九龙岭林场
沈颖颖　　江苏省吴中区林场

团体奖

优秀组织奖（11 个）

山西省林业厅
吉林省林业厅
福建省林业厅
湖北省林业厅

湖南省林业厅

广东省林业厅

海南省林业厅

四川省林业厅

重庆市林业局

贵州省林业厅

云南省林业厅

精神风尚奖（13个）

北京市园林绿化局代表队

河北省林业厅代表队

内蒙古自治区林业厅代表队

黑龙江省林业厅代表队

江苏省林业局代表队

安徽省林业厅代表队

山东省林业厅代表队

河南省林业厅代表队

广西壮族自治区林业厅代表队

甘肃省林业厅代表队

宁夏回族自治区林业厅代表队

新疆维吾尔自治区林业厅代表队

中国林业科学研究院代表队

特殊贡献奖（1个）

山西省五台山国有林管理局